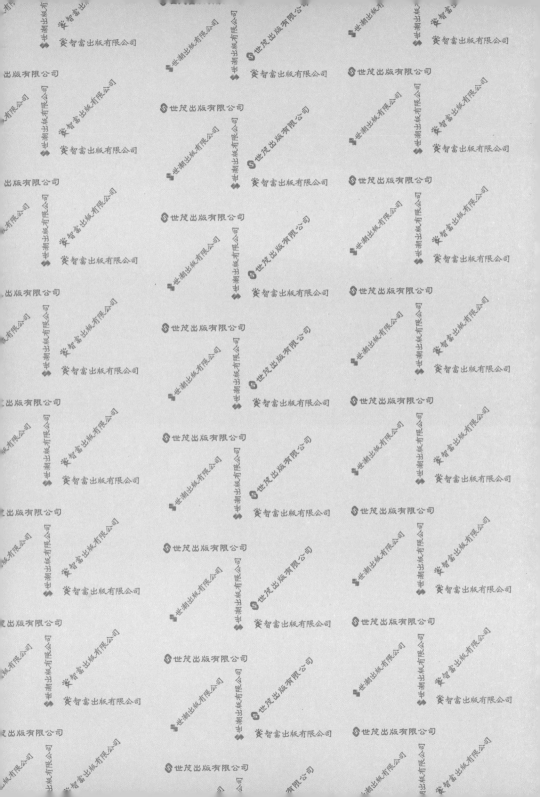

●前言●

各位讀者大家好！我是森下裕道。

感謝您閱讀本書！

能透過本書與各位相遇，我感到非常地高興!!

突然這樣問可能有些唐突，但有幾個問題想請教各位。

●不管你多麼地討厭自己、對自己沒信心，如果有**能夠讓你輕鬆擁有自信的方法**，你想不想知道呢？

●現在，雖然你和另一半的關係不佳，如果有方法**能夠讓你與對方的感情恢復到以往那樣好的關係**，你想不想知道呢？

●如果有**稱讚對方又不會讓對方感到你是刻意奉承的技巧，以及能夠讓你展露出最迷人笑容的方法**，你想不想知道呢？

●如果說只要稍稍改變一下想法，就能**讓部屬願意跟隨你、上司敬重你、最快出人頭地**，你想不想知道？

●如果有可以讓你不再為了小事感到焦躁、不安，**簡單的生活方法就能使你內心感到富足**，你想不想知道呢？

●如果說有能讓你成為溝通高手，**變得人見人愛、受異性歡迎、人際關係佳沒有煩惱的方法**，你想不想知道呢？

●如果有能不受到規模或地段的影響，**輕鬆提高營業額，且讓顧客死忠支持的方法**，你想不想知道呢？

假若上述的問題當中有任何一個你的回答是「想知道」的話，那麼本書將成為你最大的幫手。**因為，所有的方法都能在這本書當中找到**。而且，本書所傳授的技巧和方法，以及想法都非常簡單，無論是誰都能輕易上手。也許你會想「這是真的嗎？」對我所說的話感到懷疑。然而，任何人只要看了這本書，或看過參加研習會學員的感想，相信各位一定更能夠了解。

「今天森下先生的演講內容比往常都還要熱情、精彩。特別是『產生自信的方法』更是令我印象深刻。我感動到都快哭了。我決定今天就要馬上開始實行。」

（黑川琴代 34歲．女性）

「只要照著森下先生說的去做，一定能變得快樂幸福。我的內心受到很大的激勵，我會好好努力！」

（山下敏 38歲．男性）

「正因為森下先生曾經歷過那麼痛苦的歲月，所以更能夠理解很多人的心情。每當我和先生或和孩子的關係出現問題時，只要看了這本書，就會覺得一定會沒問題！」

（宍倉涼子 25歲．女性）

「森下先生的話讓人感到熱情、活力、充滿真心，我很感動。今晚我要趕快打電話回家給老家的母親！」

（中藤昌和 40歲．男性）

「雖然我不是上班族，但是工作上經常要面對人，森下先生的話讓我很有感觸。我感到非常幸福，謝謝您，真的謝謝您！」

（土屋文美　女性）

「森下先生的用心真令人感動。從您所說的話當中果然可以感受到您是長久從事服務業的人。對我來說，您的話是我人生與接待顧客的核心標準！」

（松尾　典　26歲・男性）

「我真的好感動！聽到森下先生您發自內心的呼籲，我全身都起了雞皮疙瘩。剛新婚不久的我，決定要用您說的「讓周遭的人變快樂的方法」，讓我身邊最重要的人變幸福！今天我馬上就要來實踐『感謝』這件事！」

（坪谷佳子　28歲・女性）

接待顧客如果只靠著一般的應對方式，或是和別人沒有兩樣的說話方式，在現在這樣的時代，是完全不會讓人感到開心的。因此，你**很需要了解什麼是能讓你能賣出任何商品、能討所有顧客歡心的「超級待客技巧」**。而如果你能將這套接待顧客的技巧應用在日常生活中，還能讓你的好感度提升到不只是100％，而是119％喔！

希望各位都能成為可以立即了解對方、帶給對方喜悅，以及讓周遭人都快樂幸福的高手。

雖然不清楚各位現在過的是什麼樣的人生，但只要實行本書介紹的九種方法，**你一定會變得快樂幸福！**

不過，在閱讀本書時，我對各位有兩個請求。

書中各頁的右上角都印有摺角虛線。請各位將讀完後有付諸實行頁數的摺角往下摺。折的頁數越多，你就會變得更快樂。

另一個請求是，如果你真心希望「自己能變得幸福快樂！」或「想讓你所重視的人幸福快樂！」請務必將本書讀完。

若能以這樣的心態讀完本書，我相信你的人生以及你所重視的人，一定都可以變得幸福快樂！

Happy 1

掌握訣竅，學會令人感到快樂的稱讚方法！

自然不做作的稱讚技巧大公開！

Happy 2

Happy 3

Happy 4
「笑容」與「打招呼」是真正重要的理由
燦爛耀眼的笑容很重要！

Happy 5

讓你立刻獲得他人信任的方法
認同並接受他人！

Happy 6

使內心富足的最簡單方法
整頓環境就能提升運氣！

Happy 9

讓自己產生堅定自信的方法

機會是會降臨到每個人身上！

Happy

①

掌握訣竅，學會令人感到
快樂的稱讚方法！

自然不做作的
稱讚技巧大公開！

絕對不會讓人感到刻意奉承的稱讚技巧

廣受喜愛的人都有個決定性的特徵，那就是「擅長讚美」。

擅於稱讚的人，身邊總會聚集著許多人。

請各位想想。假如每次和你的好朋友、情人、另一半或同事見面時，對方總是稱讚你的話，你是不是會覺得心情愉快呢？

教養孩子時也是如此。據說經常稱讚孩子「你一定可以！」、「你好厲害喔！」真的會讓孩子變得更優秀。

「受到稱讚↓感到高興↓充滿自信↓事事順利」

這是一種正向的連鎖效應。

因此，我希望各位能多多給予周圍的人讚美。

稱讚別人，可以讓你周圍的人變得快樂起來。而你也會因為受到大家的喜愛，而更加快樂。

這不是件很棒的事嗎？

但是，**「稱讚」與「奉承」只有一線之隔**。

有時候，明明是在稱讚對方，聽起來卻覺得缺乏誠意像在恭維，或被對方誤解為你只是在說客套話，這樣的經驗各位或許曾經有過。

或者是，本來想要稱讚對方，卻又害怕被誤會是在刻意奉承，只好把話藏在心裡沒說出口等等。

「奉承」的話，總是無法給人好印象。

我們會因為受到讚美而感到開心地說：

「我受到稱讚了～♪」

但是，應該沒有人會因為被奉承而開心地說：

「我被拍馬屁了～♪」（笑）

尤其是從事服務業的人，稱讚顧客更是一門學問。

因為對顧客的讚美往往會被解讀為——

「你是為了做生意才那樣說的吧」。

然而，在我擔任店長時期，雖然經常稱讚顧客，卻鮮少被認為是在刻意奉承。顧客們聽了我的讚美，總是感到愉快，會露出愉悅的笑容。

那是因為，我有一套**「絕對不會讓人感到刻意恭維的稱讚技巧」**。

現在我就將這套技巧傳授給各位！

✔ **學會這些技巧馬上就能派上用場**。從今天起，讓自己成為「讚美高手」吧！

稱讚技巧① 要投入感情

這應該是理所當然的吧！稱讚別人的時候，投入感情是非常重要的事。通常被視為是刻意奉承的話語，其最大的特徵就是因為缺乏感情的投入。

為什麼會缺乏感情的投入呢？

那是因為，你稱讚的並非你所認同的事。**因此，與其隨便想到什麼就稱讚，不如針對你真正認為對方值得讚美的地方予以稱讚吧。**

例如，今天上司繫了條很難看的領帶，你卻對他說：「這條領帶真好看呢！」聽起來總覺得你的讚美有些假假的，對吧？

其實，你只要針對真的覺得很棒的事予以稱讚，傳達出你的感受便已足夠。所以當你看到對方真的繫條很好看的領帶時，請真誠地傳達給對方你的感受：

「這條領帶看起來很有質感、很好看耶！和你今天的西裝很搭喔！」

多數無法投入感情稱讚他人的人，平常無論做什麼事多半也都是抱持如此的態度，無法傳達自己的感受與投入自我的情感。

因此，平時就要常常提醒自己**「和別人說話的時候要投入感情」**。這麼一來，你的表情、語調、說話的內容就會慢慢地變得自然，讓對方能夠感受到你的真心。

稱讚技巧② 具體地稱讚

✔ **稱讚他人時，舉出具體內容比含糊不清的表現，更能讓人感受到你出自真心。**

舉例來說，稱讚對方「這件襯衫，真的很好看！」

比起「高橋先生今天穿的襯衫，那袖子的設計真是好看！」

後面這句稱讚的話語，更能讓對方感到開心不是嗎？

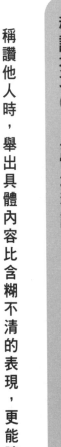

只要能進一步加入具體的內容，話語的真實性就會提高許多。

✔ 此外，還有一個重點，那就是「高橋先生」這個稱呼。

比起單純的稱讚，**稱呼「對方的名字」更能打動人心**。

這個道理很簡單。因為對每一個人來說，聽起來最感到舒服與悅耳的，莫過於自己的名字。

所以，稱讚對方「你人真好！」

還不如「大平部長，你總是能找出大家的優點，你人真的好好喔！」這句話。

像這樣，加入對方的名字並具體描述的說法，更能讓人感到開心。

此外，**具體地給予稱讚後，再向對方提問，更可以增加真實感。**

像是單純地稱讚對方「你口才真棒！」

如果可以換成「野崎先生，你口才真棒，說話總是那麼吸引人！你從以前就是這樣嗎？」

這樣的說法會更好。

另外，稱讚對方的公司也不要光說「貴公司的開發能力真是優秀！」

而是以「貴公司達成了許多過去前所未聞的創舉，貴公司的開發能力真是優秀！請問你們這些構想是如何產生出來的呢？」

具體地稱讚後再提問，會讓稱讚的內容更具真實感，讓對方不會感覺那是在刻意奉承。

稱讚技巧③　客觀地稱讚

這招是超級立即有效的技巧。

舉例來說，你的部門來了一位很厲害的新上司。這位上司對自己的聰明才智相當自負。於是，你便稱讚他「您的頭腦真是好！」然而，這句話實在太普通了。因為他一定已經聽過很多人這麼讚美他，這樣說只會讓他覺得「你這個人是在拍我馬屁吧」，反而會對你留下奉承巴結的負面印象。

那麼，應該怎麼說才好呢？

你不妨試著這樣說：「大家一定都常說您頭腦實在是太好了對吧？」

✔ **以非直接且客觀的角度給予讚美。不站在以自己為主語的主觀立場，用客觀的立場去說稱讚的話語，讓人聽了就不會覺得那是刻意奉承。**

乍聽之下好像很簡單，似乎沒什麼了不起，但卻是極為有效的妙招。根據我過去的工作實戰經驗，這招真的非常實用且效果驚人！

例如，有位身穿大紅色外套、打扮誇張的顧客來到店裡。那位顧客之所以會那麼穿就是為了「想要與眾不同！」、「想要看起來很華麗氣派！」所以在這個時候，就要以客觀的立場來給予讚美。

「大家一定常說您是個很氣派的人對吧？」

「大家一定常說只要和您在一起，整個氣氛就會變得愉快對吧？」

聽到這樣的話語，顧客一定會非常開心。因為這正是他所期望別人對他的看法。

受到稱讚之後，想當然地顧客就會大方地掏出錢買單囉。（笑）

顧客受到店員的讚美後，自然會感到心情愉快。然後，也想讓對方感到快樂，於是就花錢消費。

人就是這樣的，接受別人的付出，就會想要回饋對方。就像你跟朋友借了CD來聽，下次你也會想把自己CD的借給他聽一樣。

也就是說，多稱讚別人，不但不會有人說你的壞話，當你需要幫助的時候，對方也會伸出援手。可說是好處多多！

特別是，如果**稱讚對方的長處或他感到自信的地方，他會更加感到開心**。不管是誰，都是希望自己有過人之處而受到矚目。

想被當成有錢人的人會打扮成有錢人的樣子。手拿印有明顯商標的名牌包、身穿名牌服飾、開外國進口名車等等，想被當成有錢人的人，都會想要吸引他人的注意。因此，面對這樣的人就要巧妙地運用他們的心態，以客觀的立場予以稱讚。

「與其說您是富豪，大家更常說您是位成功人士對吧？」

另外，有些父母會為孩子精心打扮，那是因為他們想讓別人注意到自己孩子的可愛。所以這時候如果說：

「大家一定常誇你們家小朋友很可愛，對吧？」對方一定會很高興。若再進一步加入前文所說的「具體地讚美」：

「大家一定常誇你們家小朋友的笑容很可愛對吧？讓人覺得心情好愉快喔！」

像這樣的稱讚話語，與身為父母的想法一致時，對方聽了就會露出會心的微笑，然後心想「果然別人也覺得我們家的孩子很可愛呢」。

像這樣，只要稍微稱讚一下，就能讓他人感到快樂。

稱讚技巧④　即使對方表現謙虛仍要稱讚到底

第四招就是，要稱讚到底。

以生性謙虛的日本人來說，他們只要受到稱讚就會表現得很謙卑。

因此聽到別人說：

「你的工作能力好強哦！」

這類讚美的話，就會接著回應：

「對吧？果然，你也這麼覺得啊？」

這樣的人幾乎少之又少。（笑）

大部分的人多半是以「哎呀，沒這回事啦～」這樣的話來表現謙虛的態度。

但是，如果你聽了對方的話後立刻回應道：「喔，這樣啊！」那麼被你稱讚的人一定會感到很難過吧。

為什麼呢？

因為對方希望你可以**「繼續稱讚下去」**。

在他說完「才沒那回事呢！」之後，其實是想聽到你接著說：

「哪有～，你敢站在那個主管面前做簡報，真的很厲害，我在旁邊聽了都起雞皮疙瘩了～」

這類的話，是對方仍在等待你的讚美。

「你真的很受歡迎耶……」

被朋友這麼說，就算真的那麼認為，多數的人還是會說：

「才沒那回事呢，我一點都不受歡迎啦！」

這種違背心意的話不是嗎？

其實，受到稱讚的人都希望別人可以一直稱讚自己下去。

「可是，上次聯誼的時候，不是一堆女生都圍在你身邊！」

這類的話才是對方想聽到的。這時候如果你說「老闆，我要再一杯生啤酒，要加冰塊喔！」把話題就這麼帶過的話，那麼對方一定會感到很失望吧。

因此，就算對方表現得再謙虛，也請你一定要稱讚到底！

唯有透過不斷地稱讚，才會使稱讚的話語增添真實性。

不過，**話一旦說出口，希望你要能對自己所說的話負責。**

稱讚的話不要只說一半，請用肯定的語氣一直說下去。因為，對方同時也期待你那麼做。

或許你會認為「稱讚到底」是很理所當然的事，但多數的人其實都做不到。

例如，你與某位男性初次見面，就對方的年齡來看，你認為他可能已經結婚，於是對他說：

「你的個性真好。好羨慕你太太喔！」

沒想到對方卻說他還是單身，這時候你覺得「真尷尬！」很想改變話題對吧？（笑）但是，越在這個時候越要繼續稱讚下去，像是說：

「不會吧～一定是因為○○先生太受歡迎了，所以條件開得太高了吧？」

聽到你這麼說，對方一定會感到很高興。

因為即使生性謙虛而表現得謙卑，內心深處還是希望能被一直稱讚下去。

因此，**一旦你開口稱讚了對方，就請稱讚到底。**

稱讚技巧⑤　稱讚對方前要先「不經意地」說句話

那麼，接下來這招又是什麼呢。

讓我先舉個例，假設你和幾位同事到上司家作客，上司的太太親手做了一桌的菜款待你們。當然，絕對不會有人敢說「好難吃」。（笑）

大家一定都搶著說「好好吃喔！」但如果是我，就能讓那句大家都搶著說的「好好吃喔！」變得更有真實感。

所以，只要去過上司家，上司都會更喜歡我。（笑）

我是怎麼辦到的呢……。

那就是在說「好好吃喔！」之前，先不經意地說聲「**哇哦！**」然後再接著稱讚對方「這個，好好吃喔！」

怎麼樣？聽起來是不是一點都不刻意，反而像是發自內心覺得好吃的自然反應呢。

其實，這也是我平時就經常在做的事。

那是後來聽我太太說的，我的岳父母好像都是以我的那句「哇哦！」當作料理好不好吃的標準……。（笑）

事實上不也是如此嗎！當我們吃到真正好吃的食物，總會不自覺說出「哇哦！」驚嘆語之類的真實感受。而聽到的人也會覺得你的話是出自真心。

換句話說，只要**在稱讚對方之前先「不經意地」發出讚嘆，就能讓後來要說的稱讚話語更具說服力**。

所以，當你看到部屬花費許多心力完成的報告，在稱讚他「做得很好！」之前，在看到報告的那一瞬間，請先不經意地發出「哇啊！」之類的讚嘆聲，再接著說「這份報告做得很好！」

這麼一來，部屬就會覺得很開心，也會變得更有幹勁。

✔ 既然說到這裡，就順便介紹給各位**對戀愛非常有用的方法**。

特別是女性，使用起來效果更棒！假設和情人一起用餐時，對方說：「這家餐廳很好吃，我今天很開心！」

✔ 結果妳回道：「對啊～」，然後不經意地說：「**見到你我已經很開心了～**」

說不定對方會問：「妳剛剛說什麼？」

這時候只要回答：

「沒什麼，我沒說什麼。等一下，要不要換個地方喝點東西？」

就可以了。其實，對方問妳「剛剛說什麼？」是完全表示他都聽見了。（笑）

接下來是使用「不經意」說句話這招的重點。

✔ **為了表現出發自內心的感覺，盡可能用自己的話語，說得直接一點！**

像是吃飯的時候，說聲「哇！」、「哇哦！」、「喔！」、「啊～好幸福喔！」之類的話。

✔ 而且，**音量要保持在剛好能讓對方聽見的大小程度**。聲音小一點對方還是聽得到的。此外，這時候絕對**不能和對方四目相交！**不與對方的眼神做接觸，聽起來會更像是在說真心話。

✔ 其實，就算沒有說稱讚的話語，光是「不經意地」說句話，效果就很驚人了！

當你發現情人換了髮型，即使沒有提及髮型的事，只要「不經意地」看看對方的頭髮說聲「啊！」便已足夠。看到上司開了輛高級車，只要邊看車邊「不經意地」說聲「哇啊！」對方一定能感受到你的讚慕之情。

稱讚技巧⑥　巧妙地透過第三者給予稱讚

第六招也是最後一招。透過第三者間接地給予稱讚。

雖然直接面對面稱讚對方，會讓對方感到很開心，但若經由他人得知在自己暗地受到讚揚，開心的程度會更加倍。

舉個例來說，假如你從同事口中聽到以下這樣的話，應該會很開心吧？

「之前我和課長一起喝酒的時候，他誇你是個『很認真的人』喔！」

上司在你不在場的場合誇獎你，而且還是在別人面前說，這是多麼令人感到開心的事啊。

性。

尤其是透過第三者轉述的這一點，更能讓人感受到話語的真實性。

老實說，在我以前的公司裡有個很難相處的人。至於理由我就不多作說明了，總之我是真的非常地討厭他。說起來有些不好意思，但我曾經和同事去喝酒的時候罵過那個人。

不過，有一天我從同事口中聽到那個人對我的評價。他說：

「森下先生他啊～真的很厲害，對工作總是那麼認真，我很尊敬他！」

如果是直接聽到他本人那麼說，我可能會覺得他是在拍馬屁罷了，就因為是透過第三者聽到，讓我不禁心想：

「這說不定是他的真心話」。

而且，後來每當我遇到工作不順利、低潮的時候，只要想起那句話就會感到很開心。也因為聽了那句話，讓我對那個人的厭惡感逐漸消失。之後，我和他有機會一起工作，事情也都進行地非常順利！

✔ 像這樣，**透過第三者給予稱讚的效果真的很棒**。如果你現在有希望拉近關係的同事、朋友或喜歡的異性，建議你試著透過第三者稱讚對方的這個方法。

✔ 為達到某個目的，而使用這個方法固然可行，但最好還是**從平常就開始多向周圍的人（第三者）說說別人的好話**。

✔ **透過第三者給予的稱讚，總有一天一定會傳進對方的耳裡！**

▼輕鬆修復與另一半關係的方法

在這裡，要順便介紹各位一個可以輕鬆修復與情人關係的超級妙招。

假設你最近和另一半的感情發展得不太順利，老是吵個不停……。此時只要帶她去和你的朋友一起吃飯就可以了。然後找機會去上廁所，讓朋友對她**「告密」**。

「那傢伙，開口閉口就是惠理香。他還真的很喜歡妳呢！」

聽到這句話，相信女友的心情自然會好許多，通常大部分的女生都會露出害羞的笑容。（笑）接著再請朋友對女友說：

「不過，最近他很煩惱……。說什麼自己總是沒辦法坦承自己的感情……」

只要聽到這句話，相信女方從那天起就會變得對男友很溫柔囉。（笑）但……，**更厲害的還在後頭！**

「他對於自己無法坦白自己的感情覺得很困惱……」當女方聽到這樣的話，反而會覺得**無法坦白自己感情的男友很可愛**。（笑）原本還覺得男友很煩，頓時卻覺得男友變得好可愛。

於是，男方也不必改變自己的個性。因為，女方願意接納那樣的他。

這招真的很厲害對吧？當然，這招也可用來修復夫婦或朋友間的關係。

多數人常用，但對方卻不會感到開心的稱讚方式

有一種許多人常用的稱讚方式，但被稱讚的人卻完全不會感到開心。因為我們常會在不知不覺中說了那樣的話，所以在這裡提醒各位。

事實上，我自己就曾有過很典型的體驗。對方是這麼跟我說的。

「第一次見到森下先生的時候，您那種人來瘋的性格讓我很排斥，不過今天參加您的研習會後，我變得非常喜歡您了。」

老實說，我聽了這些話完全高興不起來！因為對我來說，這句話聽起來一點都不像是稱讚，反而有被貶低的感覺。

這樣的稱讚方式，其實還很常聽到對吧？

「剛開始我覺得『這個人，很討厭～』，但實際相處後才發現他是個很坦率、很善良的人呢！」

✔ 像這樣，**先否定對方後，再給予稱讚的說法很不好**。說的人也許是想利用前半部的否定來強調後半部的讚美，但聽到的本人卻完全不會感到開心。

✔ **因為比起被稱讚的部分，對方更在意的是遭受到否定的部分。**

「他之前為什麼討厭我呢？」

「我給人的第一印象很差嗎？」

「我有說了什麼讓他不開心的話嗎？」

對方會一直去想自己被否定的部分。

仔細想想就不難理解。既然稱讚是為了讓人感到開心，那麼前半部的否定內容根本就是多餘的。

「森下先生，今天參加您的研習會後，我變得非常喜歡您了。」

「他是個很坦率、很善良的人呢！」

以這樣的方式表達就可以了，不是嗎？

其實，沒必要特地告訴對方，第一次見面的時候**你對他有過什麼樣不好的印象**。

或許你會認為這只是說出自己的真心話，但就我來看，這種說法只會讓對方感覺到你很「高高在上」。

「之前看過這本書的朋友告訴我『這本書實在很無趣』，所以我買了都一直放著沒看，不過看過之後才發現真是令人獲益良多。很感謝您寫了這麼棒的書」！

想來想去都覺得這段話的前半部很多餘不是嗎？那只會讓這本書的作者感到不愉快。既然如此，又何必特地來參加簽書會呢。

其實，這也是我自身的經驗。不過，我還是保持寬大的胸襟（笑），面帶笑容地對那位讀者說了聲「謝謝！」並為他簽了名……。

✔ 希望各位今後都**別再用這種帶有否定意味的說法來稱讚別人**。

不過，若是以下這樣的說法倒是很不錯。

「第一次見到森下先生的時候，我就覺得您是個很好的人，今天參加了您的研習會後，我更喜歡您了。」

「看過這本書的朋友對它讚不絕口，所以我也去買來看，看了之後發現真的令我獲益良多。很感謝您寫了這麼棒的書。」

✔ 像這樣**「比之前更好」的比較方式，聽到的人也會更感到開**

心。

對方聽到稱讚後卻沒有反應時……

看到這兒，各位覺得如何呢？

我已經將絕對不會讓人感到刻意奉承的六種稱讚技巧，以及不佳的稱讚實例都告訴各位了。接下來，就請各位去親身實踐囉。

不過，說到這兒，讓我想起以前演講的時候，有位聽眾曾向我提出這樣的問題：

「我很努力地去稱讚顧客，但對方卻沒什麼反應，讓我搞不清楚他究竟高不高興。」

卯足了勁去稱讚對方，卻沒出現期望中的效果，這或許令人感到沮喪。

不過，在這裡請你試著回想一下。

當你受到稱讚的時候，總是很清楚地表現出「哇～我很開心！」的感覺嗎？

當然，有些人是會這樣表現，但多數人都半習慣表示出謙虛不是嗎？

此外，有時候明明很高興卻又故作冷漠，或因為害羞而假裝沒聽見。這樣的狀況相信大家都有過。

本章介紹的是不會讓人感到刻意奉承的稱讚技巧，比起一般的稱讚方式反應會更好。但是，不習慣被稱讚或生性害羞的人，也許就不會出現你期望中的反應了。

✔

儘管如此，還是請你不要停止稱讚對方。**只要你持續稱讚下去，相信對方的反應一定會有所改變。**

我都已經試著去稱讚對方了，反應卻不太好……，但若對方是從以前就沒在和你打招呼的人，說不定哪天他就會突然主動向你打招呼，或是聚餐的時候主動找你聊天。

✔

有些人在接受別人的稱讚上，需要花一點時間，也要看場合。

你應該有過被某人稱讚後，一整天都覺得很開心的經驗吧。

✔

即使對方看起來沒有很高興的樣子，但你的稱讚還是有著能讓對方開心的「魔力」的。

只要想成對方不好意思讓你看到他高興的模樣就好了。

你為了讓別人感到快樂、開心所說的讚美，絕對不會白說。

因此，請多多稱讚他人，帶給別人快樂！

Happy

②

擅長表現喜悅的人，
能讓自己與周圍的人都
變快樂！

透過全身表現
你內心的喜悅！

你都是如何表現內心喜悅的呢？

假設你的客戶裡有位笹田課長這號人物。

你與這位課長長年的往來，他對你照顧有加，是很重要的客戶。一天，當你前往他的公司新年拜訪時，他一看到你就說：

「啊，渡邊先生，我正好想去找你呢！過年的時候我回老家京都探親，這是家鄉的名產。一點小意思，希望你會喜歡！」

原來，總是很關照你的笹田課長特地買了名產送給你。

這個時候，你會怎麼回應呢？

①「讓您破費了，真是不好意思！」

②「為了我還讓您那麼費心，真的很抱歉！」

③「您平常已經那麼照顧我了，還特地買禮物送我真是不好意思。這很重吧？」

④「您快別這麼說。我怎麼能收您的禮物呢！」

⑤「真的謝謝您。等一下回公司我會請同事們一起享用！」

你的選擇是？

究竟哪一個反應才能讓笹田課長感到高興呢？

如果你選的是①～④的其中一個，那就表示你連高興的「高」都還不會寫。不過，其實這一題沒有所謂的正確解答。

請仔細想一想。

課長明知道買了禮物會讓自己的行李增加，為什麼還要特地買名產送你呢？

他是帶著什麼樣的期待把名產交給你的呢？

孩子們總是能坦率地表現出喜悅

我稍改變一下話題。

我家有兩個孩子，分別是四歲和兩歲。雖然他們身上沒長翅膀，卻是像天使一樣可愛的孩子。（笑）

我因為工作的關係經常出差，每次出差我一定會給孩子們帶份禮物。不過，也稱不上是多棒的禮物啦。有時候，只是到百圓商店買個小東西而已，這樣好像算不上是什麼出差的伴手禮。（笑）

就拿之前那次出差來說好了，我到車站的書店買了戰隊超人的貼紙準備送給兒子。當然，我請店員幫我包裝。

因為回到家時間已經很晚了，那時兒子已經入睡，所以我等到隔天早上才把禮物交給他。一聽到我說「我買禮物回來囉～」，兒子馬上飛也似地衝向我。我將包裝好的禮物交到兒子手中。結果他立刻大聲地說：

「哇啊～，這是什麼啊？」

臉上露出無比開心的笑容。

沒錯，真的非常開心。各位明白了嗎？當我看到兒子邊說「哇啊～」邊拆開包裝紙的時候，送禮物給他的我真的感到非常開心。

兒子將他內心的喜悅透過全身表現出來。就是那句「哇啊～」。

可是，要是他做出以下的反應，各位認為我會怎麼想呢？

「謝謝爸爸，好像給您添麻煩了……」

「爸爸，讓您破費了，不好意思！」

聽到這樣的回應，當然高興不起來啊！而且也會覺得買禮物是件麻煩事，以後再也不想買禮物回家了。

我之所以買禮物回家，就是想看到兒子說「哇啊～」的開心模樣。

透過全身表現內心的喜悅

再回到前述的內容，笹田課長期待的就是「哇啊～」的反應。不過，你當然不需要和我兒子一樣說「哇啊～」。你只要發自內心地表現出開心的樣子就可以了。

✔ 也就是，**透過音調、表情、全身來表現內心的喜悅（回應對方的期待）**。

收到禮物的那一刻，立刻告訴對方：

✔ **「什麼～這是要送我的嗎？我好開心喔！謝謝您！」**

盡情地表現出喜悅很重要。

稍微誇張一點的表現，最能讓對方感受到你的喜悅。說話時音量略大與滿臉的笑容，或是擺出勝利姿勢的誇張反應都可以。

這麼一來，笹田課長一定會很開心。因為，他本來就是想要看你高興的樣子，才會買名產來送你。

這就像你為了給心愛的情人驚喜，偷偷地買了禮物，期待的不就是看到對方開心的模樣嗎？

「總覺得對你不好意思！」

「這不是很貴嗎？你不必為了我這麼破費啊！」

這些應該都不是你想聽到對方說的話吧。假如對方的態度又很冷淡，是不是會覺得有些傷心呢？

要是對方嘴裡說著「謝謝」，臉上卻沒什麼喜悅的表情，你應該會想「他是不是不喜歡啊？」、「我惹他生氣了嗎？」突然感到自己做的一切變得很沒意義吧！

你是個懂得如何表現喜悅的人嗎？

讚美高手、傾聽高手、說話高手這類的稱號或許你都聽過。但是，我想對各位說的是，要讓自己成為「擅長表現喜悅的高手」！

擅長表現喜悅的人，能讓周圍的人變得很快樂。

▼受到稱讚的時候也是如此

懂得如何表現喜悅，不光是在收到禮物的時候。受到稱讚的時候也是要如此。

因為工作的關係我造訪過不少店家，我經常在想，受到顧客稱讚時無法好好回應的店家真的很可惜。

「你們店裡的員工，感覺很不錯喔！」難得顧客主動開口稱讚，店家卻謙卑地回道「您過獎了，我們還有很多不足的地方」。其實，這種回答非常吃虧。

各位也許已經知道原因了吧？

顧客稱讚你是為了讓你開心，他期待看到你高興的樣子。因此，

「（請笑著說）哇啊～，很高興聽到您這麼說！謝謝您！我們會更加努力的！」

✔ **全心全力透過全身表現來展現內心的喜悅。**

請試著想像一下，當你稱讚完某人之後自己是什麼模樣。不知道對方高不高興、開不開心，悄悄地觀察起對方的動作表情，你會這麼做對嗎？（笑）

如果看到對方露出笑容，你也會覺得很快樂不是嗎？對方也是如此。在對方稱讚完你之後表現出高興的模樣，對方也會感到開心。

隱藏內心的喜悅沒有意義

有些人本來個性就很冷靜、沉著，反應也比較冷淡。即使聽到上司稱讚他「你做完那份報告啦？真厲害～」他也是一臉那又沒什麼的表情，隱藏住內心的喜悅。

這樣的人，其實很吃虧的。

或許本人並沒有刻意裝酷的意思，但那樣的反應卻會讓開口稱讚的上司一點都高興不起來。

而且，上司還會想「以後我再也不誇獎你了」。就連對你的評價也會比那些懂得表現出喜悅的人來得更嚴厲。說穿了，上司只是個普通人，他也會受到情緒與情感的左右。

就算平日工作時習慣表現出冷靜的態度，但受到稱讚時還是請你露出燦爛的笑容告訴對方：

「謝謝你！聽到你這麼說，我真的非常開心！」

能夠坦率表現喜悅的人最棒。這樣的人也比較吸引異性的目光。

我所尊敬的心靈療癒專家石井裕之老師，他根據自身多年來的經驗，分析出會受到霸凌的孩子都有個決定性的特徵，那就是「臉上看不出喜怒哀樂的表情」。關於這點我也相當認同。

周圍的人對於那樣無論做什麼總是面無表情的孩子感到恐懼，所以才會想透過霸凌的方式惹他生氣、讓他哭，使他改變表情。因此，為了幫助那樣的孩子不再受到霸凌，讓他們練習如何改變表情也是不錯的方法。

各位不妨試想看看，臉上沒有什麼表情變化的上司是不是很可怕呢？不知道他心裡究竟在想什麼，周遭瀰漫著難以靠近的氛圍……。

臉上有表情，別人才會想靠近你。所以不需要顧慮太多。**如果受到讚揚，請不要隱藏內心的喜悅，盡情地表現出來吧。**

表現出喜悅之後產生的良性連鎖效應

盡情地表現出喜悅，就會產生相乘的效應。

看到你表現出非常開心的反應，對方也會感到高興，然後想再多多稱讚你。而你看到對方高興的樣子，也會心想下次見面換我來稱讚他吧。良性的連鎖效應就像這樣不斷地延續下去。

接下來要為各位介紹的是，接待顧客時如何產生「良性連鎖效應」的例子。實際上，這也是我經常在使用的方法。只要這麼做，就能將顧客的心牢牢抓住。

假設有位顧客對你這麼說：

「你們這家店，店員的笑容都好親切，感覺真不錯！」

「（面帶笑容很高興地說）啊！謝謝您的誇讚！聽到您這麼說我真的很開心！我們的努力沒有白費。啊～真的好開心喔！」

像這樣，發自內心地表現出喜悅。然後，等下一次顧客再度光臨的時候，請這樣告訴他：

「之前，打烊的時候，我告訴所有店員田中先生誇讚我們的事。大家都好高興喔，也變得很有幹勁……。工作的時候顯得更加地賣力。多虧了田中先生我們的店才會像這樣經營得越來越好。真的非常感謝您！」

聽到你這麼說，田中先生一定也會覺得很開心不是嗎？因為自己的幾句讚美就讓一家店變得更好，讓他感到很光榮很滿足。

其實我想說的是……。

原本是「顧客」與「店家」的關係，最後卻讓顧客覺得自己也像是店內的一份子。**無形之中產生了與這家店一起成長的感覺**。這麼一來，就算之後出現了同類型的競爭商家，顧客也不會變心，反而會更自發性地想幫助你的店。像是帶朋友來光顧或是向公司的同事宣傳你的店……。

「顧客」與「店家」的情誼就像這樣被緊密地連結在一起。

這個方法同樣適用在工作職場上。

假設，你在聚餐的時候被部長稱讚了。你很坦率地表現出開心的樣子。然後，當你工作表現得很好的時候，請這樣告訴那位部長：

「這次的企劃多虧有中澤部長才能如此順利進行。部長可能已經忘記了，您在四月份的聚餐上誇獎過我。那時我真的好高興，對自己充滿自信，心想一定要好好努力。真的非常感謝您！」

部長聽到你這麼說，心情一定會很好，在心裡對你留下「這傢伙很可愛」的好印象。以後也會多多關照你。

這個方法非常實用，也可用在情人、朋友或客戶的關係上。

▼直接接受對方的稱讚

無法好好表現喜悅的人當中，有種人受到稱讚後會很鑽牛角地去思考對方說的話。例如：

「你今天打扮得很漂亮唷！」

——「今天」，意思是我昨天很醜囉，他是不是故意在挖苦我？

「我很期待你的新企劃喔！」

——明明就沒有多期待，不管對誰你都是這麼說的吧！

「還好我們這個部門有你在！不好意思喔，老是把其他部門的工作交給你做……」

——又想把什麼工作丟給我了是吧。這次我不會這麼好說話了！

我是這麼想的，**太深入去思考對方的想法，並沒有任何的好處**。也許對方說的話真的就是他心裡所想的不是嗎？我認為大部分的人都是這樣。應該沒有人會特意帶著惡意的心去稱讚別人。

越是鑽牛角尖去猜想別人說的話，只會讓自己的想法越來越負面。說不定，還會因此而討厭起那個稱讚你的人……。

大部分的人都是出自真心去稱讚別人的。假如你的稱讚也被對方曲解的話，你會不會感到難過呢？

✔

所以，**受到稱讚時，請直接接受對方的稱讚。**

刻意去猜想對方的內心，只會讓自己變得不快樂而已。

其實，除了稱讚的話語，日常生活中的對話也是如此。

「對不起，我還在忙可能沒辦法過去了……」

——真的是在工作嗎？還是他有了別的女人呢？已經不愛我了嗎？早知道那時候就不要傳那封簡訊給他……。

一直去猜測對方說的話，只會讓自己一直往不好的方向想。

倒不如坦率地去相信對方就好啦！

假如你說的話遭到你所重視的人的臆測猜想，你不會覺得很傷心嗎？只要想到連對方都不相信你說的話，那你也會覺得無法再相信其他人了，不是嗎。

請相信對方說的話，別再隨便做猜測了！

▼表現喜悅的簡單訣竅……就是一句簡單的驚嘆詞

我要教各位一招可以好好表現喜悅的訣竅，而且非常簡單喔！**說「謝謝」之前，請先說聲「哇啊～」、「喔～」、「耶～」，或「哪裡～」、「太好了～！」之類的驚嘆詞**。這麼一來，對方就會感受到你是發自內心地覺得喜悅了。

孩子們總是不假思索地脫口說出這類的驚嘆詞。像我兒子就常把「哇啊～」掛嘴邊。另外，像是「啊～」或「哦喔～」也可以，請試著創造出屬於你自己的驚嘆詞。

表現喜悅的話語只要在一開始先加上驚嘆詞，之後說的話就會更具說服力，讓你做出很棒的反應。

說到這兒，我想起之前打電話給我最喜歡的商務禮儀指導專家西出博子老師，那時候她接到我的電話：

「哇啊～，森下先生，你好啊！我是西出！」

她非常高興地說了聲「哇啊～」。她所做出的反應和我家四歲的兒子簡直一模一樣。（笑）她盡情地表現出接到我的電話很開心。聽到她的回應，我也覺得非常快樂。

「您現在方便講電話嗎？」

原本我心裡還有點緊張，但一聽到西出老師的那句「哇啊～」，所有的擔心全都一掃而空，而且更加喜歡老師。雖然她是禮儀指導的專家卻一點都不拘謹嚴肅，反而像個孩子般坦率地表露出內心的喜悅。

如果你稱讚了某人或為他做了些什麼，對方就像孩子一樣直率地表現出喜悅，你應該會覺得很高興吧？

感謝的心情或喜悅會發自內心，讓你透過身體表現出——

「哇啊～謝謝你！我真的非常高興！」

其實這就是「表達喜悅最棒的話語」。

Happy ③

為什麼必須認真地做到底？

讓自己保持愉快的心情吧！

▼人的感情很容易轉移

如果你希望「自己快樂，周圍的人也快樂」的話，那麼最重要的事是什麼呢？

✔那就是，**讓自己變快樂**。

情人、家人、朋友、同事、客戶……。想讓對方變快樂，你要先讓自己感到快樂！

✔為什麼這麼說呢？那是因為**「人的感情很容易轉移」**。

請試想看看以下這個狀況。假如，你搭計程車的時候遇到心情不好的司機，碰到其他車超車他就發出「嘖」地一聲，或聽到你只是搭短程，就露出不悅的表情，答話也答得很隨便……。

遇到這樣的人，就算你出門時心情很好，也會突然變得很糟，對吧？

另外，像去餐廳吃飯點菜的時候，看到店員一付不耐的表情，就算你打算和朋友愉快地用餐，也會變得不開心了對吧？

即使你脾氣再好，相信也會忍不住想發火。

人的感情就是那麼容易轉移。也就是說——

當你感到快樂的時候，那份快樂的心情也會轉移到周圍的人身上，讓他們也感到快樂。因此，你必須先讓自己變快樂。這是讓周圍的人快樂的最重要條件。

如何讓顧客感到心情放鬆呢？

有一次我在演講的時候，有位美容師向我提出一個問題。她的顧客之中有位年約四十多歲的女性，從事的是看護的工作。

「我很想讓這位顧客心情放鬆一點，請問我應該怎麼做才好呢？」

於是，我這麼回答道：

「請妳在剪髮的時後表現出你很快樂的樣子！」

只要這麼做，顧客就會感受到快樂的心情，也會變得放鬆許多。接著，我又補上這麼一句：

「如果再說得詳細一點的話，請妳在剪髮時一直保持認真、愉快的態度！」

這麼做不但能讓顧客感到心情放鬆，也會讓她自己感受到「果然，認真、快樂地工作很重要」。

也就是說，**「持續維持快樂的心情很重要」**，這也是我想告訴各位的事！

我想各位都明白，保持快樂的心情很重要。

正在閱讀本書的你，一定也很清楚這件事。其實，快樂的心情可以自己創造。

只不過，**我們都沒有「做到底」**！**沒有「持續到底」**！

▼現在的年輕人其實都很聽話

「現在的年輕人，都不好好聽上司的話！」這樣的話你應該聽過或說過呢？

現在的年輕人本來就很沒禮貌，也不聽上司或前輩說的話……。你也是這麼認為的嗎？

然而，這其實是錯誤的想法。最近的年輕人，其實可以很聽話！

✔年輕人之所以不聽話，**那是因為負責教導他們、示範給他們看的人，也就是必須以身作則的人，並沒有徹底地做到底！**

根據過去我協助過許多經營不善的店家轉虧為盈的經驗，我有自信敢這麼說。

記得我曾經去過一家店，第一次造訪的時候，他們的情況真是糟透了。

櫃檯員工們旁若無人地聊著天，如果只是這樣也就算了，居然還有員工一手撐在櫃檯上，一手不停地按著手機，還有員工在營業時間在吃紅豆麵包……。

然而，店長卻對這一切卻視若無睹，沒有說任何的話。想也知道，因為店裡全都是那麼散漫的員工，營業額當然是一路往下滑。雖然很想直接把店關了，但礙於已經交付一筆押金，所以無法關門不做，於是處在進退兩難的狀態。

因此，公司派我來解決這樣的窘況。

我不是個喜歡穿西裝打領帶，裝出高高在上的態度，去指導、訓斥別人的人。通常我都會穿上店家的制服，親自帶領大家一起做。

因為這麼做才能真正了解店家的狀況，而且也因為自己實際進入店家工作，對員工所下達的指示與需注意事項也比較能讓他們信服。

沒有先讓對方清楚地知道我是個「辦得到」的人，別人自然不會聽從你的話。**只會表現出高高在上的態度，沒有人會願意跟隨你。**

在那家店的員工就連向顧客說聲「您好！」都做不到的狀態下，我於是主動站到員工的身旁，一有顧客上門馬上就面帶笑容地說「您好！」、「謝謝您！」積極地向顧客打招呼。

做了好幾次之後，開始有一、兩個員工也跟著我一起這麼做。

最後，所有的員工只要看到顧客就會主動打招呼。

✔ 只要表現出認真做到底的態度，對方一定會跟隨你。

好好表現的人，本來就會受到上司和顧客的稱讚。這點相信各位都知道。

✔ 像這樣做，別人就會願意聽從你的話，並且開始產生改變。**如果對方不願意聽從你的話，那就表示你沒有好好地做到底。**

▼別人不願跟隨你是因為你沒有做到底

「我們店裡的員工與顧客擦身而過的時候，都不會笑著向顧客打招呼呢！」

經常有店長對我這麼抱怨。但是，說這種話的店長其實自己也沒有笑著向顧客打招呼。

平常與顧客一對一的時候，不管是誰都會面帶笑容地向顧客打招呼。不過，假設店長正在辦公室裡煩惱著下年度的預算問題，然後走出辦公室上個廁所，就在這時候，在店內的大廳與顧客擦身而過。

但是，因為店長滿腦子都想著營業額的事，所以沒跟顧客打招呼。更糟的是，他還皺著眉擺出一張臭臉……。

「店長老是叫我們要笑、要笑，結果自己還不是沒有做到！」

看到店長的態度，員工一定會這麼想。而且，如果又看到第二次，說不定會生氣地想：

「什麼嘛，他說的跟做的根本是兩回事！」

這就像你被上司或父母責罵的時候，或許也曾這麼想過：

「你自己還不是沒有做到！對自己就這麼寬容！」

✔

既然決定了要做，就要做到底。

有時候，我們會不小心忘了某件事。但是，只要有「我一定要做到底」的決心，就算一時之間忘記了，也會馬上再回想起來。例如，剛才那位店長進到廁所才發現自己的臉很臭，那麼，回辦公室的時候再用開朗的笑容向顧客打招呼就可以了。

這麼一來，員工看到就不會有「你沒做到」的感覺。

✔

好好地做到底，以及堅持下去的決心很重要。

做任何事要堅持到底真的不容易

「一旦決定要做某件事，就必須做到底！」

說是這麼說，可是這真的是不容易。是啊，創造快樂的心情或許不難，但要持續下去卻不容易。

因為只要身邊的人不高興，你的心情多少就會受到影響。

不知道各位是否有過這樣的經驗？

假設，你正在和情人約會。可是，今天的他卻一直悶悶不樂。

「你看起來好像心情不太好？」

聽到你這麼問，他只是淡淡地這麼說：

「沒有啊，我和平常一樣啊」

但臉上明顯露出「我不高興」的表情。

即使你很開心地跟對方說話，他的反應卻很冷淡。漸漸地，你也變得和對方一樣悶悶不樂。因為你覺得好像只有自己在窮開心，對方卻不把你當一回事，有種輸給對方的感覺。

不過，請你仔細想一想。讓對方感到開心與讓對方感到不開心，哪一邊才是真正厲害的人呢？

肯定是「能讓對方感到開心的人」。

✔ 因此，**就算對方不開心，你也不能受到影響，要繼續保持快樂的心情，這點很重要**喔。切記，一定要讓自己保持快樂的心情。

✔ 光是這樣做，你在情人、家人、同事等的**人際關係上就會有驚人的轉變**。

實際做做看你就會知道，雖然這真的不容易。畢竟，就連很清楚這點的我也常會差點控制不了自己，被對方的負面情緒所影響呢。

森下家的遊樂園事件

接下來這件事說來有點不好意思，是關於我家的事。

以前，我曾經帶家人到東京 Summer Land 水上世界玩。

當時我因為工作非常忙碌，所以暑假的時候只好請老婆帶孩子們回娘家。我想起之前答應過兒子要帶他去東京 Summer Land 水上世界玩，為了趕在孩子回外公外婆家之前實現這個約定，我想盡辦法總算挪出一天的休假。

到東京 Summer Land 水上世界，從我家開車走高速公路至少也要一個半小時左右。這是我們全家睽違已久的家族旅行。

可是……**我老婆從一大早就一直擺張臭臉！**

每次開車外出行經高速公路的休息站，我就會想和老婆、孩子們一起開心地吃炸熱狗。（笑）因為那個時候總會讓我感到——

「好幸福～」

所以，那天我一如往常地告訴老婆：

「等一下到休息站買熱狗來吃吧！」

雖然我的心情很興奮，但老婆卻冷冷地回道：

「我不想吃那種東西！」

儘管如此，我還是表現得很開心，繼續對她說：

「難得出門一趟，我們一起吃嘛～」

「你那麼想吃的話，不會自己吃嗎？」

老婆的反應還是很冷淡，她的語氣讓我覺得很不高興。

「妳從剛剛開始是怎樣！我們全家這麼久沒有一起出門，妳幹嘛表現出這種態度！」

當下，我覺得自己就快要發火了。不行！如果這時候生氣的話，不就等於把我平常演講時告訴大家的——

「想讓顧客對你死忠，最重要的就是『保持快樂的心情』。而且要持續到底！」

徹底推翻掉了！於是我拚命地忍下來。然後努力裝出開心的樣子繼續和太太對話。

「等一下到了水上世界，車子要停在哪裡呢？不知道今天人會不會很多？」

「隨便找個位置停就好啦！」

✔

老婆依舊擺張臭臉。**氣死我了！**我的忍耐已經快到極限，真的很想對她大吼：

「妳夠了吧！大家一起出來玩，妳不能開心一點嗎？幹嘛非要搞到大家都和妳一樣不高興啊！」

我的內心不斷湧出這樣的話。假如稍不留神，說不定還會接著說：

「我好容不易才挪出一天的休假，妳那是什麼態度！」

不過，我還是硬把話吞了下去。

仔細想想，雖然我很忙，老婆一樣也很忙。

出門前，兩個孩子一直大哭不肯乖乖聽話。今天老婆是最早起來準備的人，她的心情一定很煩躁。

就算明白老婆的心情，但看到她的態度我還是覺得很生氣。偏偏這時候一定會遇到塞車。（笑）不過我還是拚命地忍住想發火的情緒，繼續保持快樂的心情。

「咚咚咚咚老～爺爺♪」

我賣力地大聲唱歌，孩子們也開心地一起唱……。然後，我看了看孩子們的臉說：

「全家一起出門真的好快樂～♪」

雖然感覺像是在自言自語一樣。（笑）但我很努力地維持快樂的心情。

結果，各位猜怎麼樣？

就在我們快要抵達目的地的時候，老婆大人的心情已經好很多了。……應該是說，她**變得很開心**。

於是，我們森下一家那天玩得非常愉快。

假如我途中對老婆大吼「妳那是什麼態度！」會變得怎樣呢？等我們到達目的之後，肯定會覺得很無趣，而且氣氛也變得很尷尬。就連要和老婆說句話，都得透過孩子們來傳話。（笑）

好不容易可以全家一起共度的日子就這麼泡湯了。

就連知道必須讓自己保持快樂心情的我都覺得這是非常痛苦、很困難的事。

✔ 不過，我還是**拚了命地忍下來，持續保持快樂的心情**。

只要這麼做，你身邊的人一定也會變得心情愉快。

從今天起好好提醒自己，要一直保持快樂的心情。

✔ 而且，**一定要記住，不管做什麼都要做到底，這點非常重要**。

Happy

④

「笑容」與「打招呼」
是真正重要的理由

燦爛耀眼的笑容很重要！

為什麼露出笑容比較好？

人際關係要變好，笑容是絕對必要的。

可是，為什麼對別人露出笑容比較好呢？

我從事服務業工作已經有一段的時間了。在總公司指導其他員工如何接待顧客時，我曾經問過大家：

「為什麼一定要露出笑容呢？」

令我訝異的是，許多人竟然都不知道為什麼，直到現在我還覺得印象深刻。

研習會上我經常請參加者面對面地站成兩排，再請其中一邊的人露出笑容。另一邊的人則是一直看著對方的笑容。結果你猜怎麼樣？

看著別人笑的人一定也會露出笑容。我想各位應該也有過像這樣，看著別人笑自己也忍不住微笑的經驗吧。

✔

那是因為，**「笑容具有感染力」**。**如果想讓眼前的人露出笑容，首先你必須要主動露出笑容**。所以，相對地，要是你不笑對方也不會笑。

「那些傢伙在我面前都不笑！最近的年輕人怎麼都不會笑呢！」有些上司會這樣抱怨自己的部屬，但這樣的人自己卻也都不笑。假如希望部屬看到自己就笑咪咪，那麼就要自己先主動露出笑容。

不論是什麼樣的人際往來，充滿笑容一定會比較和諧，也可以減少不必要的糾紛，可說是好處多多。

因此，不要被動地等待對方露出笑容，要從你自己開始主動出擊。**希望各位能成為最初的笑容傳遞者。**

▼讓你輕鬆露出燦爛笑容的方法

那麼，要怎麼做才能讓自己露出「燦爛耀眼、陽光般的笑容」呢？

「燦爛耀眼的笑容」指的是，「讓人看了就覺得幸福，感覺很自然，一點都不造作的笑容」。

你不需要特別去上什麼課程或講座，學習要怎麼笑，因為，你我原本就已經擁有很棒的笑容了！

想想看，在什麼情況下你會露出最自然的笑容。

看到女友害羞笑容時。

在壽司店吃到美味的海膽時。

在電視上看到超愛的偶像明星出現時。

家中的愛犬邊搖著尾巴邊向你靠近時。

看到帥氣的足球社學長展現精彩的射門技巧時。

看到孩子頂著一頭睡亂的頭髮，睡眼惺忪地對你道「早安！」時。

……。

——想到的應該還有很多吧！

✔ **當你與心愛的人在一起，或是做自己最喜歡的事的時候，自然就會露出燦爛耀眼的笑容。**所以**「只要邊想著你最喜歡的人、事、物，邊與他人互動，就能露出最棒的笑容」**。

例如，從事業務工作的人，與客戶見面之前請先想想情人的笑容，或想像孩子正站在客戶的身後對著你笑……。這麼一來，你自然會露出充滿愛的真誠笑容。

為什麼只要想著最喜歡的人、事、物，就能露出很棒的笑容呢？

請試著回想看看，你為了求職或打工參加面試的情形。面試當天，看到面試官一定會感到很緊張。但是，在搭電車或公車前往面試地點的途中，或是面試的前一天，你是不是也很緊張呢？

這是因為，**「內心所想的會表現出來」**！**心裡想的事情會透過身體反應出來**。所以，當你想起最喜歡的人、事、物，身體自然會做出反應，露出最真實的笑容，這與刻意的假笑完全不同。

此外，只要注意以下這三件事，你就能露出更棒的笑容。

①嘴角是否有上揚？

嘴角就是嘴唇的兩端。只要稍稍用力地往上提，笑容就會變得很迷人。

②雙眼是否有瞇起來？

為了不讓笑容看起來「很假」，笑的時候記得要稍微瞇起眼睛來。

③有沒有露出牙齒？

白色的牙齒因為唾液滋潤而有光澤，笑容會讓牙齒看起來很耀眼。這樣子笑起來就是名副其實如陽光般燦爛耀眼的笑容。

有些人或許不好意思讓別人看到自己的牙齒，如果是這樣的話會很吃虧喔。笑的時候假若遮遮掩掩不夠大方，對方也會很在意，那麼你的笑容就會變得很尷尬。而且，不露出牙齒的話，對方很難感受到你是真的發自內心地笑。

▼和不喜歡的人相處也可以派上用場

邊想最喜歡的人、事、物邊笑的這個方法，在你必須與不喜歡的人相處時也可以派上用場。其實，你之所以不喜歡對方，那全是因為「你個人的偏見」所致。

「人的心就像照鏡子」。如果你討厭對方，對方也會討厭你；相反地假如你喜歡對方，對方自然也會喜歡你。

當你覺得對方好像討厭你的時候，基本上都是因為你先討厭對方、排斥對方的關係。

因此，對方才會有同樣的感受。

當你覺得對方討厭你時，對方的任何舉動你都會解讀成「因為他討厭我，所以才會做出這樣的舉動」，因而產生不信任感。這就和當我們覺得某人很奇怪時，他的所有舉動看起來都會變得奇怪的道理一樣。

所以，遇到不喜歡的人時，只要想像對方身後有你最喜歡的人、事、物，心中的排斥感就會消失。如此一來，對方也會感受到你態度上的轉變。

無論何時都能立刻露出笑容的神奇魔咒

人難免會有心情不佳、笑不出來的時候，只要唸一句「可以瞬間露出笑容的魔咒」那麼保證沒問題。無論你是難過、痛苦或生氣，只要唸出這句咒語，就能夠露出笑容，是不是很神奇呢？

這句咒語就是──**「WAIKIKI」**。（笑）

請你邊照鏡子邊唸「WAIKIKI」。唸「KI」的時候，記得嘴角要上揚喔。

看起來很像在笑，對吧？最神奇的是，就算是用生氣的表情唸，也會變成笑容。「WAIKIKI」就是讓你在任何時候都能露出笑容的魔咒。

而且，如果一直反覆地唸「WAIKIKI」、「WAIKIKI」，是不是會覺得心情也變好了呢？其實唸「WAIKIKI」這句話的同時，會對你的「言語」和「行動」產生暗示，效果非常地驚人。

如果你不相信它的效果，那麼請在睡前及起床後大笑著說「WA-IKIKI」、「WAIKIKI」。這麼一來一整天你都會過得很愉快。

✔「WAIKIKI」是句非常簡單就能做到的「Happy Affirmation」（變幸福的暗示）。

笑容可以消除焦躁不安的情緒

工作很忙、要做的事一大堆，這時候你會覺得很煩，而且怎麼樣都笑不出來對吧？

但就算是強迫也好，越是在這種時候就越要讓自己笑，因為笑容可以減少煩躁的情緒。

我們常會為了日常生活中的一點小事就感到煩躁。

例如，開車的時候，前面的車開得非常慢。（笑）如果剛好又在趕時間的話，說不定你會想「那傢伙開那麼慢，該不會是在故意找我碴吧……」當然，對方並沒有這個意思，可是你就是覺得很煩。

這時候，就算勉強也請試著讓自己露出笑容。不妨唸唸看「WAI-KIKI」。你會發現煩躁的心情真的會慢慢地消失。

✔ 笑容是可以減少焦躁情緒的最簡單方法

笑容對於消除緊張也很有效。

在眾人面前說話、參加公司面試、與重要人士聚餐、向喜歡的人表白……諸如此類令人感到緊張的場面，就算是勉強也好，請試著讓自己露出笑容。

只要這麼做，就能緩和你緊張的情緒。

笑能讓你的身體更健康

俗話說「笑是百藥之長」，笑容能讓我們的身體更健康。

身患難治之症的人，因為常常笑而痊癒的例子很多，甚至還有醫院積極推廣笑容治療法。當中最有名的例子就是，只要帶癌症患者去吉本難波花月搞笑劇場看秀，就能活化其體內能殺死癌細胞的NK細胞（自然殺手）。根據醫學博士伊丹仁朗先生的說法，裝笑也會有同樣的效果喔。

每個人生來都會笑，這是很簡單的事，而且笑能讓自己與周圍的人變得快樂幸福。

既然好處這麼多，不笑的話豈不是虧大了！

一直以來對自己的笑容沒有自信，或不好意思在人前笑的人，只要多笑幾次，笑容就會變得越來越自然、迷人。

這就和做簡報一樣，很少在大眾面前說話的人一定會緊張，無法好好表達自己的意見。可是，只要多讓自己在人前說話，多增加機會，之後一定能完成出色的簡報。

所以，從今天起請積極地露出笑容。

✔ **你的人生會因為能否積極露出笑容，而變得截然不同喔。**

打招呼的真正意義

因為工作關係，我經常有機會去造訪各種不同的企業，但有些公司卻連「早安」、「你好」這種最基本的問候都做不到。

而且，越是業績差的公司、營業額虧損的店家，越是有這樣的現象。

打招呼是人際關係建立的基礎，只要做到，就能達成良好的溝通。相反地，連打招呼都做不到的部門，早上辦公室裡會顯得死氣沉沉，下班時大家都是自顧自地回家。同事間鮮少互動，且每個人看起來都缺乏活力……。營業額虧損的店家就是最典型的代表。早晚班交接的同事，在辦公室裡完全不打招呼。即便知道要對顧客打招呼，但看到自己公司的人卻不會打招呼的人，怎麼可能會跟顧客打招呼。

不過，打招呼的目的究竟是什麼呢？

打招呼代表了──「向對方敞開心門」的意思。

也就是說，沒有打招呼就等於「沒有向對方敞開心門」。這樣就無法創造出良好的職場工作環境與家庭生活環境。

「我們夫妻的感情不好！」

有的人會這麼告訴別人。若進一步了解他的情況，就會發現他與另一半就連起床後的「早安」、睡前的「晚安」都沒有開口說。這樣子感情當然不會好。如果你也為了和另一半的感情不好而正感到煩惱，那麼請先做好最基本的問候。

✔

只要做到最基本的問候，很多問題都能獲得解決。

別人也都沒向我打招呼……別再被動地等待對方開口，由你主動開始先打招呼吧！

一早出門，如果有人很開朗地向你打招呼，你是不是會覺得心情會很好呢？

另外，從你主動向別人打招呼的那天起，你會發現一整天工作起來都會感到愉快且充實。

令人感到心情好的問候，會讓彼此都快樂。

✔

切記，**打招呼是先打先贏！**

只要你開朗地向對方打招呼，對方一定也會有所回應。打完招呼後聽到對方的回應，真的是件很愉快的事。透過打招呼，能讓自己與對方的態度都變得積極。

不過，有人認為打招呼是在下位者對在上位者所做的事。這可是錯誤的觀念。要知道打招呼是「敞開心門」的表現，與彼此的地位高低無關。所以請各位主動地打招呼！

最後，要和各位分享一個「令人心情好的問候訣竅」，而且非常簡單。

用燦爛耀眼的笑容向對方打招呼就對了！

因為**面帶笑容所發出的聲音在節奏、高低、音質上都會充滿活力，給人好感。**

我們公司的總機服務小姐，座位前都有放鏡子。這是為了讓她們在看不到自己表情的時候，仍然可以面帶笑容以悅耳的聲音回覆電話，這麼做也能提升公司的形象。對了，如果想讓自己的歌聲變得更好聽，到KTV唱歌時記得邊笑邊唱。這和打招呼的道理相同的。

本章告訴了各位笑容與打招呼的重要性，不過，或許有人會想現在知道已經太遲了。但是，這麼基本的道理目前還是有很多人不知道。

因此，**請你將笑容與招呼傳遞出去，感染給更多的人！**

Happy

⑤

讓你立刻獲得
他人信任的方法

認同並接受他人！

想受到他人信任要先認同他人

要怎麼做才能獲得他人的信任與好感呢？

請想想到目前為止在你所遇到的人當中，誰最獲得你的信任？

對方是個什麼樣的人呢？

他是不是個會認同你的人？

無論是誰，一定都會有感到孤獨的時候。因而**希望別人能夠對自己感到興趣，或者希望別人能夠了解自己**。並且，希望自己的存在是受到尊重的。所以，**只要對方認同你，你就會對那個人產生信任**。

在我還沒有獨立創業的上班族時代，有位讓我非常尊敬的上司。他對工作的要求很嚴格，有時候對部屬會用完全否定對方人格的話語加以訓斥。但是就算工作表現良好，做出的成效也不錯，他仍然還是會說「這樣不對……」。不過，我卻非常信任這位上司。

雖然他經常唸我，但給我的工作考績卻都很好。有時候還會請他的頂頭上司給我更好一點的考績。

就算罵人罵得很不講理，批評的話也總說得很難聽，但只要願意認同別人，還是會受到對方的信任。

✔ 你是否認同你身邊的人呢？

有些人可以認同身分地位比自己高的人，但對於身分地位不若自己的人卻無法認同。然而，我們不能因為對方是派遣員工或兼職員工，就忽視對方的存在。同是在一起為工作盡心力、互相協助，所以請好好認同對方。

而且就算是兼職員工，只要受到認同，他們也會像正職員工一樣賣力工作，有時甚至表現優於正職職員。

「反正兼職員工領的是時薪，公司營業額的好壞跟他們無關！」就是因為有這樣的想法，對方才會有那樣的工作表現。

假如你也聽到別人說你「反正只是兼職而已」這類的話語，想必應該會工作提不起勁吧。

無論立場如何，**受到他人信任而被交付工作，一定會感到很快樂**，也會覺得工作做得很值得。

只要好好地認同對方，兼職員工也會像正職職員一樣充滿幹勁。在我的店裡就是如此，所以我敢向各位這麼說。

「兼職員工和公司的營業額無關……」會有這類想法的人，通常是因為公司沒有將營業額告訴他。所以要他「重視營業額」根本是不可能的事。

如果能信任兼職員工，告訴他們關於公司營業額的結構與經費等事宜，他們就會主動想辦法開源節流，像是節省電費、珍惜使用辦公用品資源等等。

即使對方找你商量也不要給予建議

只要認同對方、理解對方，無論是誰都會信任你。

這麼一來，找你商量煩惱或談論私事的人應該也會增加。

不過，有件事要提醒各位注意。

當別人找我們商量事情或分享私事的時候，我們通常會一不小心地就給予對方建議。可是，對方真的想聽到你的建議嗎？

以下的對話中，請你把自己當作「洋子」。想一想哪一種回答你會覺得比較開心。

一、

「你聽我說！原來雄一郎已經有女朋友了。真令人沮喪……」

「真的嗎？你們之前不是還一起喝過酒，感覺好像還不錯啊？」

「就是說啊。唉～真的好難過喔……」

「所以啊，我不是早就叫妳跟他表白了嗎！以前妳喜歡裕之的時候也是這樣被甩的不是嗎？妳就是太不積極了！」

「是這樣沒錯，但……」

二、

「你聽我說！原來雄一郎已經有女朋友了。真令人沮喪……」

「真的嗎？你們之前不是還一起喝過酒，感覺好像還不錯啊？」

「就是說啊。唉～真的好難過喔……」

「是啊～。怎麼會這樣呢……。妳的心情我了解！」

「唉～好想哭喔～」

你應該會選後者吧？如果對方像前者那樣回應你，無疑也是在你傷口上灑鹽吧，只會感覺更加痛苦而已。

其實，對方並不需要你的建議，他不是為了聽你的建議才把事情告訴你的，而是希望你能專心傾聽，希望你能了解他的心情。

你是否也曾在聽了對方的話之後，給予對方建議呢？

假設你的妻子這樣告訴你：

「喂，你聽我說。今天發生了一件讓我很火大的事……。你說氣不氣人！」

結果你回道：

「什麼嘛，就這麼一點小事。妳少說幾句不就沒事了嗎？」

「我看，是妳自己的態度不好吧？」

如果聽到這樣的回答，你認為妻子會高興嗎？

要是下次再發生類似的事，你覺得她會再告訴你嗎？

就是因為這樣，夫妻間的對話才會變得越來越少不是嗎。

不需要給對方任何建議，只要專心傾聽，讓對方知道你了解他就夠了。

「是喔，發生了這樣的事啊～。的確會讓人很火大。嗯，你的心情我了解！」

只要這樣告訴太太，她就會感到很滿足了。

當你抱怨與另一半的對話變得越來越少、孩子不肯跟你說話、部屬什麼事都不說之前，請先好好思考，你是否曾仔細聽過對方說話。

✔ **傾聽並予以理解，會讓對方覺得自己受到重視、獲得認同。**容易不小心給別人建議的人請多加留意（但是，有個情況例外，假如對方很明顯地是在尋求你的意見，給予回應倒是無妨）。

▼把別人開心的事當成自己的事一樣高興

假設你心儀某位像模特兒一樣美麗的女性。

Happy 5

周遭的人都認為對方不可能願意與你交往。

但是，你不想要將來後悔地說「早知道，那時候應該向她表白……」，於是你鼓起勇氣主動出擊。沒想到對方竟然答應了！

想必你一定非常開心對吧？接著你馬上打電話告訴朋友這件事。

「太好了，藤原！真的是太好了！真有你的！不知道怎麼搞的，我也覺得好高興喔！」

你的朋友就像是為自己的事感到高興一樣，發自內心地為你感到開心。那麼你會怎麼想呢？

✔ **這傢伙，真是個好人！**你應該是這麼想的吧。

✔ **看到對方表現出像是為自己感到開心般地為你高興，我們就會**

發自內心地信任對方。這是因為，在這世上幾乎沒有人像他一樣為了你所開心的事，表現出像他自己的事一樣那麼高興。

大部分的人心裡想的都是自己的事。假設回到家後你告訴太太：

「我的企劃案在公司通過囉！」

原以為太太也會為你感到高興，但她的反應卻是——

「這樣的話，你以後不就沒時間陪孩子們玩了嗎……。真是的，我在摺衣服耶，你不要坐在那裡啦！」反而被罵了一頓。（笑）

就連最親近的家人都沒有替你感到開心。因此，如果有個人表現得像為自己開心一樣地為你感到高興，你一定會信任他。

指導部屬也是如此。不管你平時多麼嚴格，當部屬的努力有了好的成果時，只要你表現得出像為自己開心一樣地為他感到高興，部屬就會信任你、跟隨你。

可是，那畢竟不是發生在你身上的事，有時候真的很難表現出像是為自己開心般地為對方感到高興。

請放心！我有個絕招可以幫助你做到。

✔ **只要想起讓你開心的事，或讓你感到非常高興的事就可以了。**

像是女兒生日的時候當你將禮物送給她，她非常開心地對你說「我最喜歡爸爸了」。或是在公司的會議中被高層主管直接稱讚。請回想起這類讓你感到愉快的事。

如同我在上一章（參照98頁）提到過的，心裡想的事情會透過身體反應出來。

因此，只要你去想讓自己開心的事，身體就會做出開心的反應。而你所說的話也會更具真實感。

如果在你開心的時候，有個人表現得像為自己開心般地為你高興，那是多幸福的一件事啊。所以，我希望各位都能成為那樣的人。

✔ 特別是**你所重視的人，希望對對方來說你就是那樣的存在。**

▼加強人際關係最簡單的方法

有個非常簡單又能馬上實行的技巧，有了它無論是那一種的人際關係，都能變得更好。

其實，這是讓顧客變成常客（讓顧客對自己死忠）的最簡單方法，也是我在接待顧客時最倚重，也最常使用的方法。

因為實在太簡單了，各位聽了或許會有「怎麼可能」的反應，但真的就是這麼簡單。

就拿接待顧客為例。假設你以前負責接待過，或跟你很熟的一位客戶來到店裡，請你記得要這樣做。

當顧客進入店裡的那一刻，或你看到顧客的瞬間，都要用**「最棒的笑容打招呼」**。

假如看到顧客走進店裡，請馬上露出非常開心的笑容說：

「啊～，清水先生，您好！」

「哇～，清水先生，好久不見了！」

親切地向對方打招呼。

或是不出聲只以最棒的笑容向對方點頭示意、揮揮手也可以。

為什麼只要這麼做，顧客就會變成常客呢……。

因為，當顧客進入店內的那一瞬間、當看到你的那一瞬間，**你露出非常高興的笑容向他打招呼，會讓他覺得這家店有歸屬感，是他的「容身之處」。**

在現今這個社會，許多人都渴望有「歸屬感」，因為大部分的人都覺得生活中沒有自己的「容身之處」。

例如，當你覺得工作變得越來越無趣，每次回家又總是聽到父母在耳邊催促說：

「你快點結婚吧。媽媽老被附近的鄰居問，感覺不是很好……」

這時候的你只會感到身心俱疲吧，心想「唉～我這樣到底算什麼……」

就算結了婚，休假時想好好在家放鬆休息一下，太太也會嫌你礙眼。

或是，工作加班到很晚，就連假日也很努力地工作。

有時心裡仍免不了會想「為什麼，同期的那傢伙獎金領得比我還多」、「為什麼主管都不認同我」。

無論是在家庭或公司，甚至是朋友關係或愛情關係上，其實很多人都在找尋能讓自己感到安心的容身之處。

因此，讓顧客看到你露出很開心的笑容迎接他時，他就會覺得自己受到接納而感到安心，認為當下所處的環境就是他的「容身之處」。

然而，會讓人產生這樣感覺的店並不多。所以顧客才會變成常客，願意經常上門光顧。

當然，這個方法對於家人、上司、客戶、朋友、你所尊敬的人或心儀的人等各種人際關係都相當有效！

下班回到家後，請試著露出最棒的笑容，對正在等你回家的妻子說：「我回來了♪」這麼一來老婆就會感到很安心，認為「果然，老公還是覺得有我在的家是最棒的地方」。心裡感到快樂踏實。

即使昨晚才剛吵過架，或最近彼此的關係不佳，也請試一試這個方法。這麼一來，就算太太想對剛下班的你唸幾句也會變得說不出口來。

這個方法，做妻子的人也可以試試看。當老公下班回到家時請用最棒的笑容對他說「歡迎回家♪」。這樣老公就會覺得「果然還是自己的家最好～。我要好好努力守護我心愛的家人」。

心情變得很愉快。下班後也會盡量減少不必要的應酬。

我在研習會上告訴參加者這件事後，很多人立刻就付諸實行。於是，之後收到學員的回饋：

「剛開始，我告訴老公要來參加研習會，他很不高興地唸了我很久。就連在出席研習會的時候，他也傳簡訊來對我發脾氣。不過回到家後，我試著用很開心的笑容對他說：『我回來了♪，老公，謝謝你今天讓我去參加研習會！』結果他就沒再多說什麼了。如果是以前，這是根本不可能發生的事……」

其他還有像是「不再為了無謂的瑣事吵架」、「感情變好了」……等等。因此，希望各位都能試試看這麼做。

與上司的關係也是如此。

早上如果遇到上司的話，請用很開心的笑容對他說：「您早！」光是這麼做，對方就會對你產生好感。

以後無論遇到誰，在看到對方的那一瞬間，請記得用**最棒、最**

開心的笑容向對方打招呼。這麼一來，你的好感度一定會提升！

讓普通顧客變成常客的方法

接下來，再告訴各位一個可以讓人際關係變得更好的方法。這個方法也很簡單且效果極佳。那就是——。

請對方推薦你不錯的電影或好吃的餐廳。

沒錯，就只是這樣而已！

不會吧～或許你會覺得難以置信。（笑）但是，這真的非常有效。

每個人都有自己特別偏愛或想推薦給別人的事物。

你和同事一起去吃午餐的時候，或是從後輩口中得知不錯的電影或餐廳時，是不是會告訴對方「哦～那我會找時間去看看」、「下次我會去那家餐廳試試看」。

可是，拖到最後卻一次也沒去對吧？（笑）結果，當對方問起：

「你去過那家餐廳了嗎？」

「哦～我是很想去啦，可是最近實在太忙了。等工作告一段落我就會去了。」

雖然你嘴上這麼說，還是一直都沒有去。

說穿了，你只是口頭敷衍對方而已。但這麼做對方會覺得很失望喔。

不管是誰，都有想推薦給別人的東西。但是，很少人會主動尋問自己。多數人通常只會說「下次我會去」、「下次去看看吧」，卻很少人會付諸行動。

因此，**如果有人實際去體驗了自己所推薦的東西，對方就會覺得被認同、被重視、被在乎，對那個人產生強烈的信任感。**

其實，這也是我平常接待顧客時用來讓顧客變成常客的方法。

以下是個假設的情況。有位顧客已經來過店裡好幾次，某天你問他：

「黑川先生，我最近好不容易可以休假了，所以想去租片中心租部電影回家看。可是片子實在太多了，我不知道該看哪部。我想黑川先生懂的事那麼多，如果可以的話，可以請您推薦我哪一部值得一看的嗎？」

「有部老片還不錯，叫做《教父》，你看過嗎？我很推薦這部電影喔。它是我最喜歡的一部片，這部電影充滿了男人的浪漫。」

「聽您這麼說好像很好看呢！那，我會去租來看看。謝謝您！」

當然，你一定要去租那部片來看。

之後，等下次顧客再度光臨的時候，請告訴對方你的感想並再次向對方道謝。

「啊～黑川先生！我看完《教父》了！真的很好看呢！果然充滿了男人的浪漫。艾爾帕西諾真的好帥對吧？那首主題曲也很令人印象深刻。我到現在還是會想起那首歌的旋律。（笑）謝謝您推薦我看這麼棒的電影！」

聽到你這麼說，顧客一定會很開心！不光是露出高興的笑容還會心甘情願地掏出錢包。（笑）

雖然這個方法很不錯，但有些顧客可能之後就不再上門了。這時候，我會寄信給對方。

「鈴木先生，謝謝您平時的關照。因為很想向您道謝，所以冒昧地寫了這封信給您。之前您推薦我看的那部《洛基》，我已經看完了。真的非常好看！其實有件事我不知道該不該向您啟口。最近我因為工作的關係，心情變得很低落，但看了鈴木先生推薦的那部電影後我變得充滿幹勁，心情也變好許多。這都要感謝鈴木先生您。真的非常謝謝您！」

收到這樣的信，顧客一定會很高興並再度上門光顧！

某次我在針對美容師舉辦的研習會上說了這樣的事，之後，有位美容師寄了感謝信給我。信中提到他寄信給不再上門的顧客之後，對方馬上又回到店裡。

而且，那位顧客已經在別家髮廊剪過頭髮了，卻還是願意上門光顧。（笑）

髮廊的競爭非常激烈，但只要店內的美髮師認真地傾聽顧客說的話，顧客就會很死忠地支持那家店。因為，別家店沒有做到這一點。

✔ **價格、規模大小或地段並不重要。就算是開在地點很差的店，只要用心對待每位顧客，顧客自然不會離開。**

若想與對方建立互相信任的關係，請試著問對方有沒有可以推薦給你的電影或餐廳。然後，一定要徹底實行。

✔ **當對方知道自己說的話被接受、被實行，內心會感到無比的喜悅，同時充滿「自我重要感」**。特別是在現今這個人際關係薄弱的時代，這種感受更是人人渴望得到的。

Happy

⑥

使內心富足的最簡單方法

整頓環境就能提升運氣！

現代人的壓力過多

我想無論是誰都希望「內心可以變得富足」。現代人經常會感到心情煩躁或壓力過大。

在公司老是做無聊的工作。

沒來由地被上司臭罵一頓。

被迫向客戶低頭認錯。

每天早上擠電車上班……。

應該站在你這邊的家人或情人不了解你。聽到朋友談戀愛卻心生嫉妒、知道同事領的獎金比你高就暗地裡說對方壞話、便利商店的店員結帳速度稍微慢一點就覺得很不爽……。情緒不斷變得負面，這樣真的很糟。煩躁的心情會影響周圍的人，讓你和身邊的人都感到不愉快。

✔

難道你不想從這樣的狀態中獲得解放，**擺脫煩躁的情緒**嗎？

只要內心變得富足，就不會為了一點小事受到動搖。因為你的心變得很寬容，所以任何事都不會讓你感到煩躁。

那麼，怎麼做才能讓內心變得富足呢？

▼使內心富足的最簡單方法

有個非常簡單就能讓內心變富足的好方法。

不過，在說明這個方法之前，請各位先聽我說幾句話。

一直以來我都是從事服務業的工作，所以看到認真接待顧客的人我就很喜歡他們。看到他們面帶笑容賣力地想讓顧客開心的模樣，我就會忍不住想購買他們的商品。

在車站看到元氣十足地在發傳單或面紙的人，我也常會忍不住去跟他們拿。

因此，對於有人會很冷漠地對待發傳單或面紙的人，我實在不敢相信他們會那麼做。

但是，令人難過的是，有些人面對店員，不知道是不是因為仗著自己是顧客，對待店員的態度總覺得冷淡。

更令我無法置信的是，當中有的人本身就是從事服務業，對待店員卻表現得很傲慢無禮。

當我還是新進員工的時候，有位上司就是這樣的人。這位上司是某家分店的店長，某天我們約在大眾餐廳談事情。那位上司對餐廳的店員表現得很傲慢。剛好那個店員好像又是新人，對於接待顧客還不是那麼熟練。

該店員因為不太熟悉點菜機的操作，所以速度很慢。結果，感到不耐煩的上司稍稍抬起了下巴，一臉高高在上的態度向他點菜。當他發現店員的速度變慢時又說：

「你到底會不會啊？」

口氣聽起來很衝。那個店員趕緊回道：

「啊，對不起。沒，沒問題的！」

他的語氣聽得出來很惶恐不安……。看樣子上司對整對方感到樂在其中。

可是，這樣不是很奇怪嗎？

我的上司是從事服務業的人，他應該很了解店員的心情才是……。

雖然當時我非常討厭上司的這種態度，但又無法直接指責他的不是。所以，我用極自然、不挑釁的方式對那位新進店員親切一點。

只要他為我上菜，我一定會向他道謝，就連他替我加水，我也會對他說：

「謝謝你。你真細心～」

之類的慰勞話語。

結果那個店員聽了先是愣了一下說「喔！」然後露出了害羞的笑容，一臉的開心。

✔ 應該就是那時候讓我了解到，**就算今天自己是以顧客的身分來到店裡，只要對店員說幾句體貼、慰勞的話，自己的心情也會變得**

非常好。

所以，從那之後我就一直保持這樣的心態。

如果對方給予你良好的服務，讓你覺得心情不錯的話，請積極地告訴對方：

「謝謝你！你真細心！」

「你們這家店，感覺很好唷！」

「你工作好認真喔～看到你讓我覺得自己充滿活力！」

「因為你總是笑嘻嘻的，所以我很喜歡來這裡買東西。下次我會再來的！」

「多虧有你，我才能和女朋友度過愉快的時光！」

多說些這類感謝、慰勞對方的話。

這麼一來，店員就會感到非常高興！而且，有的人還會高興到步伐變得輕快起來。（笑）

✔ 因為我自己就是從事這一行業的人所以很了解，**從事服務業的人只要顧客一句誇獎或感謝就會變得充滿幹勁。**

✔ 看到對方開心的反應，自己也會變得很快樂。**原本是接受服務的顧客，卻反過來帶給店員快樂。**只要試著這麼做，你就會發現到一件事。

✔ 沒錯，你會發現**內心變得越來越富足！無論對方是誰，只要說句體貼或慰勞的話，你的心就會因此變得富足。**

▼當自己不受到重視就會感到心情煩躁

容易為了一點小事就心情煩躁，覺得對方的地位不如自己就表現得冷漠，這樣的人其實是因為平常老覺得「自己的存在不受到重視」。

「我們公司真的很爛！」

「我們公司對員工的管理和待遇很差！」

「為什麼我的獎金比那傢伙少！」

越常發牢騷、抱怨的人，越容易為了小事就動怒。

參加公司聚餐時總不難發現，那些容易為了小事就生氣的人，就是老在抱怨自己的待遇，或對公司的不滿，或是經常說上司壞話的人。

擁有幸福人生的人，絕對不會為了一點小事就發脾氣。

不過，請各位仔細想想。

因為自己不受到重視，就對店員表現出無禮的態度。

若換個角度來想……，就是因為對人無禮，所以才不被重視。

再進一步去想……，只要對人親切和善，別人自然會重視你的存在。因此，以後當你**遇到工作認真努力的人，請跟對方說句體貼慰勞的話**。

例如，你常去的便利商店有個很開朗的店員，請試著跟他說：「你看起來總是很有活力耶～每次看到你，我也變得有活力了！」看到在車站前認真發面紙的小姐，從她手中接過面紙的時候，請試著告訴她：「謝謝！妳辛苦囉！」

只要持續這麼做，你會發現內心變得富足，別人也會重視你。

環境會擾亂你的內心

使內心富足的方法還有一個，就是「打掃」。

或許你會想「什麼？打掃！」

但是，只要讓自己所處的空間變乾淨，內心就會感到很穩定，心情變得很輕鬆。

假設，一早起床你煩惱著不知道該穿什麼去上班，於是將襯衫、領帶、西裝外套通通翻了出來，然後匆忙地換好衣服後出門上班。忙了一整天當你拖著疲憊的身體回到家，一進房間馬上就覺得好煩……。

「對了。早上急著出門，所以衣服都沒收好！」

Happy 6

亂糟糟的房間讓你感到更加疲累，更為煩躁。原本房間應該是令人感到放鬆的地方才對。

又或者是，明天你有個重要的發表，所以今天必須完成需要的文件資料。

「嗯，今天就好好加油吧！」

結果進到公司，一看到自己的辦公桌馬上就鬥志全消……。因為，桌上堆滿許多文件書籍，根本搞不清楚什麼東西放在哪裡。

「糟糕！昨天太忙了，沒把東西收拾好就下班了。」

亂成一團的辦公桌，光是找東西就浪費了不少時間，讓你感到很煩躁。最後連原本那股高昂的鬥志都消失了。

✔ 煩躁的情緒是因為你所處的空間、環境沒有打掃乾淨而起。也就是說，**環境擾亂了你的心**。

這樣豈不是虧大了！其實，要解決這個問題非常簡單！

你所處的空間，特別是**你的房間與工作場所，只要打掃乾淨就不會產生那些不必要的煩躁情緒**。而且，讓自己置身於乾淨整潔的空間內，精神也會變得比較穩定，請各位務必試一試。

▼仔細打掃環境就能改變內心的狀態

雖然明白打掃很重要，但很多人還是做不到。其實我以前也不認為打掃是很重要的事。所以，我常待的地方總是超～髒。（笑）

不過，因為我朋友S先生的一番話，讓我了解到打掃的重要性。

「有些人很容易感到煩躁，心總是靜不下來，這樣的人只要**試著看看自己的房間就好。他一定會嚇一大跳。因為房間的狀態代表了『那個人的內心與想法』**！」

朋友這麼告訴我。於是我試著仔細地看了看自己的房間。果然，真的很可怕。

書桌上滿是文件與郵件、文具、書本等物品，看起來很雜亂。只剩下些許的空間可以用來移動電腦的滑鼠。（笑）大量的書籍雜誌已無法放進書架裡，只好堆在其他架子或地板上。最近剛開始用的新包包，買來之後連拆都沒拆、還裝在紙袋裡的新衣服就這樣擱在地板上。看到一半的雜誌、換包包時取出的物品散落一地……。房間內一堆東西顯得零亂不堪，而且都沒有好好收放在屬於它的收納處。

的確，當時我因為很多事以及不安的情緒，內心感到很混亂，結果房間真的呈現出我的狀態，這實在是太可怕了。

那麼，應該怎麼做才好呢？朋友接著告訴我：

「要馬上減少煩躁的情緒，讓內心平靜下來並不是件簡單的事，但有個方法非常有效。那就是，把房間打掃乾淨！**換個角度想，如果房間變乾淨了，內心與大腦也會被整理得很乾淨不是嗎。所以，趕快打掃房間吧！**」

聽到朋友這麼說，我立刻打掃了房間。因為，那時候我覺得房間很髒，所以變得很討厭待在房裡。只要進到房間就感到心情煩躁，工作時也提不起勁。

將房間打掃乾淨後，心裡真的變得很平靜，有種非常暢快舒服的感覺。待在房間不再令我感到痛苦，而是種放鬆的享受。而且，靈感也變得源源不絕，太太也不再罵我「你房間好髒！」（笑）真的是好處多多。

前些日子，日本也流行起「打掃改運」的話題。

自從我開始重視打掃這件事後，每天都覺得內心不再混亂，心情變得很愉快，全身彷彿充滿能量。而且也感受到不斷有好事發生，運氣也變好了。

這對改善夫妻的關係也很有效。最近如果常和另一半吵架的話，請試著打掃看看，等房子變乾淨之後你會發現，吵架的情況竟也神奇地消失了。

此外，也請好好打掃你的工作場所，確實地將物品整理好。但是，不是只打掃你自己的辦公桌就好，而是要讓整個辦公環境都變乾淨。要是工作的地方很髒亂，只要一點小事你就會感到煩躁，也不可能會產生「好，我要努力工作！」的心情。當然，與同事之間也無法保持良好的人際關係。

基本上，髒亂的工作場所也表示了在那個場所裡的人並不重視公司。在那樣的環境下，自然沒有什麼秩序可言。根據我的經驗，廚房髒亂的餐廳，做出來的料理味道一定不好吃！而且，內場的廚師與外場的工作人員關係也會變得不好。不過餐廳的人卻不知道問題是出在髒亂的廚房裡。

✔ **只要讓自己工作的「場所」變乾淨，人際關係自然會變好，工作效率應該也會提高。**別再只是被動地等待別人去做，**如果察覺到**

Happy 6

環境變髒請主動打掃。

假設，早上你稍微提早到公司整理書庫，或將大家共用的休息室打掃乾淨。

那麼其他同事看到了會怎麼想呢？除了感謝你的付出，也會因而產生極佳的相乘效應，到最後所有同仁都會主動打掃、美化環境。而你也會因為是自己帶動大家打掃而感到開心，覺得很有成就感對吧。（笑）

「打掃」這件事經常受到忽略，但它真的非常重要！

只要好好「打掃」，你會發現做任何事都變得比過去更加順利。

那是因為，你內心的狀態改變了。透過打掃丟掉不需要的東西、清除髒污後，**心裡就不會再胡思亂想，變得很輕鬆自在。精神變得穩定，當然就會感到富足。**

當內心的狀態出現這樣的變化，你的行動也會有所改變。結果自然也就跟著改變，好處多到數不清，這就是「打掃」的驚人效果！

Happy
7

你是否對身邊的一切事物
表示感謝？

請讓你的話語成為對方的「禮物」！

▼當情況變得理所當然就會無法感謝

我想各位應該都已明白感謝的重要性。

但是，你平常都有對別人表示感謝嗎？

當然，如果公司的同事在忙碌之中協助你完成工作，或是客戶送你生日禮物……諸如此類受惠於他人的情況，你一定會感謝對方。這是很正常的反應。

但是，人是現實的，**就算剛開始會感謝對方，等情況變得理所當然時就會忘了要感謝對方**。忽略了感謝的重要性。

就拿老婆做的菜來說好了。

新婚的時候，回到家看到妻子為你準備了一桌熱騰騰的美味飯菜，這時你會很感動地說：

「好好吃喔～果然還是老婆妳做的菜最棒了！謝謝妳！」

自然表達出內心的感謝。可是曾幾何時你不再對太太說「好好吃喔」、「謝謝妳」這樣的話。反而對她說：

「快點把飯菜準備好。我忙了一整天，快餓扁了。」

「這個的味道好像太鹹了？吃太多鹽對身體不好欸～」

你是否也說過這樣的話呢？其實我們吃媽媽做的菜時，也會出現這種的反應。

請你想一想——。

剛結婚時你對太太那種感謝的心情，下班回家後吃到熱騰騰的

Happy 7

美味料理那種感動的心情，現在都跑到哪裡去了？

太太一定很想聽到你說「好好吃喔」、「謝謝妳」。

如果你不懂得感謝太太，試問她能聽誰對她說感謝的話語呢？沒有受到感謝，做什麼事都會變得缺少樂趣不是嗎？

這麼一來，辛苦地替你洗衣服還有什麼樂趣？替你燙襯衫又有什麼樂趣？

無論是誰只要被感謝，一定都會感到很開心。你我都很期待從別人口中聽到感謝的話語。每天做菜也希望聽到吃的人可以對自己說聲「謝謝你」。

✔

當你所做的事得到他人的感謝，你就會覺得自己的存在很有價值，內心產生喜悅讓你有動力可以持續做下去。

如果你在公司付出的努力從未獲得感謝，你會怎麼想？

假設你是某家品牌的銷售員。工作時你比誰都認真，且懂得站在顧客的立場為他們著想，因而屢屢創下亮眼的業績。一開始上司總會誇獎你：

「多虧有你做出這樣棒的業績，我們的店才能經營下去。」對你表示無比的感謝。

但是，漸漸地你的出色業績似乎成了理所當然的事。反觀你的後輩二宮因為業績成長，最近經常受到上司的稱讚。

「我的業績明明比他好，為什麼只誇二宮卻不誇我……」

於是，你心裡開始感到不平衡，工作時也越來越提不起勁。雖然你的業績好是很平常的事，但你還是想要「被別人感謝」。

✔ 所以，希望各位都能成為**對「理所當然或很普通的事」表示感**

謝的人。

因為你不懂得感謝他人，所以對方也不會感謝你

✔ **不會感謝別人的人，對方當然也不會感謝你！**

舉個例來說，已婚的男性當中，

「我一直都很努力工作。在公司行事也都很小心，就算不想應酬也還是會去。遇到不合理的事還是咬牙忍了下來，為了養家從早到晚忙不停。為什麼都沒有人感謝我？他們也不想想還不是靠我才能過活！」

有這種想法的人，其實很多也說不定。但是，那是因為自己不懂得感謝別人，所以對方才沒有如你所期望地對你表示感謝。

請站在太太的立場想一想。

家庭主婦其實也很辛苦。如果有了小孩就更不用說了。早上必須早起準備孩子的便當及家人們的早餐，然後又要洗衣服、打掃家裡或浴室、外出添購家中所需要的物品……。一刻都不得閒，忙完家事，孩子也差不多從幼稚園或學校回來了。如果孩子比較小，還要帶他到公園玩一玩，或是和其他媽媽們互相交流。回到家後看到孩子把玩具丟了一地或尿在褲子上，免不了要唸個幾句，這時候孩子又會哭哭啼啼。然後幫孩子洗澡、刷牙、哄孩子睡覺，好不容易總算可以喘口氣，正當她打開電視看連續劇的時候——

「真羨慕妳那麼輕鬆，不像我每天累個半死～」

卻聽到剛下班回到家的你語帶嘲諷地這麼說。

或是當她對你說：

「我好累喔，讓我休息一下！」

你卻回道：

「家庭主婦是會有多累？」

你的妻子聽了心裡會有多難受。就算再怎麼努力也得不到認同，也不會被感謝。所以，她也不會想要感謝你。

之前，因為妻子有事外出，讓我有機會和孩子獨處。

起初我還覺得很開心，但慢慢地就開始感到煩躁，深刻地感受到帶小孩真的好累。因為孩子不乖我便罵了他幾句，結果他就放聲大哭讓我實在不知如何是好……。我想起過去常對妻子說：

「真羨慕妳可以整天都和那麼可愛的孩子在一起。一定很快樂吧～」

✔ 感到很歉疚，也重新體認到「家庭主婦真的很辛苦」。

老實說，我認為比起工作，帶小孩和做家事是更累人的事。

男性可以藉由聚餐喝酒或在假日打高爾夫等活動來排解壓力。可是，要照顧小孩的家庭主婦卻不能隨心所欲地外出。就連放假也沒辦法好好休息，還是得忙著做家事和帶孩子，累積的壓力肯定不少。如果又是職業婦女，壓力想必更大。

✔ **做丈夫的若不能了解太太的心情，還有誰能了解她呢！**

缺乏感謝讓夫妻感情不如以往！

夫妻間的感情不好的理由是因為，彼此的價值觀不同或個性上的差異。

不過，如果有這樣的問題，應該在結婚之前雙方就已經很了解了。由於成長的背景與家庭環境各不相同，價值觀或個性當然會有所差異。但是，彼此在相愛之前不是都已經知道這一點了嗎？

決定結婚的時候，彼此的心中不都曾經想著「我一定會讓她幸福」、「我要一輩子跟著他」。沒有人是在互相厭惡的情況下結婚的吧。

然而，隨著時間的經過，**感情卻因為缺乏「感謝」而逐漸淡**

去。近年來離婚的人越來越多，我認為這就是最大的原因。

妻子覺得自己努力做家事、帶小孩都得不到丈夫的感謝、認同。

丈夫則希望太太能多慰勞自己工作的辛苦。

彼此之間不懂得感謝對方，心中的嫌隙也不斷增加。

「家人」也是「人」，是「獨立」的個體。所以會想要被認同、被感謝。

✔ **受到感謝會讓對方感到幸福，產生明確的自信心與存在感。**

✔ **能夠感謝他人卻無法感謝自己身邊最親近的人，這樣不是很奇怪嗎？**

透過言語明確地表達感謝

如果不能將內心的感謝化做言語清楚地表達出來，對方就無法了解。

雖然心意最重要，但沒有透過「言語」說出你的感謝，對方很難感受得到。

「爸媽真的愛我嗎？」、「他們是不是很後悔生下我呢？」我想各位或許都曾經對此感到不安或疑惑。那是因為你沒有聽過父母對你親口說「愛」這個字。

父母、孩子、兄弟姊妹、交往已久的情人、朋友等，越是與你關係親近的人越不能忘記要感謝對方。

有時我們會看不見近在眼前的事物。就好比你現在正在看的這本書，如果拿得離眼睛很近，當然會看不清楚內容囉。（笑）

✔ 感謝也是如此。**若對方是關係很親近的人，經常就會忘了感謝的重要性**。

因此，就算感到不好意思，也請明確地告訴對方你的感謝。

對為你準備三餐的人說聲「謝謝你」、「很好吃喔」。有小孩的人，請試著對孩子說「謝謝你出生到這個世界上」，對父母也請試著說「可以成為爸爸的孩子，我覺得很幸福」。

✔ 對方聽了一定會很開心，而你也會覺得心情很快樂。**感謝不能只放在心裡，要讓對方知道才有意義。**

夫妻間能一直保持感情好的秘訣就是，一起吃飯的時候告訴對方「好好吃喔，謝謝你」，對日常生活中很平常的事表示稱讚、感謝。

將內心的感謝透過言語表達出來，家人之間的感情會變得更為緊密。

裝出感謝的樣子

當你覺得對方的存在是「理所當然」時，就不會想要感謝對方。此外，就算知道感謝很重要，但一想起過去的不愉快或現在感情轉淡，要開口感謝對方真的不容易。

這時候應該怎麼辦呢？那就試試看**「裝」感謝**吧。

要怎麼裝呢？既然是假裝感謝，請先向對方說出感謝的話語。就算沒有這樣的感覺，也要告訴對方「你很感謝他」。

請試著做做看。首先從家人開始……！

起初也許你會覺得「很害羞」、「很不好意思」，只要多說幾次自然就會產生「感謝」的心情。

我很難理解那些在公司裡說自己妻子或先生壞話的人。

如果換做是自己被說壞話，一定會覺得很難受不是嗎？而且，**說另一半壞話的人也等於是在說自己很差勁**。

「我沒有看人的眼光。我沒辦法讓重要的人感到幸福！」

數落對方的同時也是在指責自己。這種人若在工作上和我有所往來，我絕對無法信任這樣的人。因為不懂得重視另一半的人，同樣不會重視自己的客戶。

就算是說謊或假裝也好，應該要這麼說才對。

「我很感謝我太太！」

「能和那個人結婚我覺得很幸福！」

✔ **假裝感謝的時候，你會發現心裡對對方真的有了感謝的心情。**

✔ **在這世上，每個人都會感到孤獨。即便你所重視的人也是如此。大家的內心都很不安。因此，希望各位能向重要的人表達感謝，讓對方感到快樂幸福。要多去包容他人、體貼他人。**

你能夠對理所當然的事表示感謝嗎？

之前，我和一位女性友人一起去吃飯，席間她說的一句話讓我感到很震驚。她說……**「我好羨慕日本人」**。

我的朋友是韓裔日本人的第三代。她和我一樣從小在日本長大，只會說日語。可是，她人生中卻總是受到差別待遇。

求學過程中受到老師的歧視，找工作也無法進入想就職的公司。

過去，她曾遇到真心相愛的男人，心裡也已經決定要和對方結婚。就在那時正好因為入籍而有了投票權，成為了正式的「日本人」。男方也才知道原來她是韓裔日本人。

雖然男方可以接受她的身分，但他的父母親卻非常反對。最後她只好和對方分手。分手那天男方對她說：

「如果妳不是韓國人就好了……」

這句話讓她大受打擊。

「我最不想從他口中聽到的就是這句話。如果可以我也希望自己的父母就是日本人。那會是多麼幸福的事啊……。我好羨慕日本人！」

聽到她這番發自內心的告白，當下我心中對於自己身為「日本人」的人生、命運充滿感謝。

✔✔ 你也對於自己的出身充滿感謝嗎？

很少人會仔細去思考像這種過於理所當然的事。**我們的生活中**

擁有許多小小的幸福，但我們都忽略了它的存在。

最好的例子就是「健康」。我們往往在生病後才發現「健康」的重要。另外，像是聖誕節可以和家人一起度過，身邊有可愛的孩子與最愛的人相伴。有份穩定的工作、父母親健在、朋友很多。

這些，不都是令人感到很幸福的事嗎？

✔

許多事總是在失去之後才懂得要去感謝。但是，那時可能已經太遲了。**這世上或許並沒有什麼理所當然的事。**

若試著這樣去想，你就不會隨便看待自己的人生了對吧？

你應該會覺得人生充滿了感謝，對吧？

✔

請好好留意你生命中的幸福。在你眼前，已經出現好多好多的幸福了。

▼假如你知道自己只剩一個月的生命，你會做什麼？

在石井裕之先生的暢銷書《心のDNAの育て方》（培育內心的DNA，Forest出版）所附的CD裡有這麼一段內容。

石井先生好像曾經有過得知自己只剩下一個月的生命的時期。當時，他對於自己遇到的每個人內心不斷地湧出「感謝」的心情。他根據當時的經驗向讀者們提出「與人相處時請想著你只剩下一個月的生命」的建議。

如果你知道自己只剩下一個月的生命，你會先去做什麼事？

對妻子與家人表示感謝。

✔✔✔

增加與家人或重要的人相處的時間。

告訴孩子、父母、情人，這世上你最愛的就是他。

和為了無聊瑣事吵架的朋友和好。

對於目前手邊的工作負起責任做到最後。

——我想，應該還有許許多多。

不過，這些事現在不也可以做嗎？

反正我們都不知道自己何時會離開人世。

往後與別人相處時，請用「我和這個人是最後一次見面」的心態去對待對方。這麼一來，你會更加**注意眼前的這個人，內心會充滿愛與感謝**。

或是，反過來想成對方只剩下一個月的生命，那麼你一定會想多對他說幾句體貼的話或表達你內心的感謝吧。

一想到之後再也見不到對方，你的心情、行為肯定會有所改變。因為你心裡只有感謝。

若能捨棄自己的自尊，承認自己的錯誤，就能坦率地向對方道歉。如果覺得很開心，自然會向對方說「謝謝你」。面對他人你可以很自在地「感謝」對方。

沒有人能保證自己可以活多久，請讓你的話語成為對方的「禮物」。

「感謝」是我們生活中非常重要的事。

不會主動表達感謝的人，就無法與他人建立信任的關係。所以，請多向身邊的人表示感謝吧。要是做不到，「假裝」也無妨。

請多多散播感謝的種子，讓感謝的花盛開，讓重視你的人都能感受到滿滿的、溫暖的愛！

Happy

8

從今天起不要再說壞話！

支持別人會讓自己更快樂！

▼說顧客壞話是差勁的事

說別人的壞話是很差勁的一件事。

但許多人總是會脫口而出，卻不知道那會對自己以及聽的人帶來多麼不愉快的感受。

我最討厭「說顧客壞話」的人。這種人真的非常糟糕。他們都忘了如果沒有顧客花錢消費（增加營業額），他們要怎麼生活下去。

舉個例來說，你向同事提起你的客戶：

「那個丸茂商社的田村先生，雖然都會給我很大的訂單，可是他實在有～夠囉嗦！也難怪他已經那把年紀了還沒結婚啦～」

雖然你只是隨口說幾句，但哪天當田村先生來到公司時，同事馬上就會想起「啊，他就是那種很囉嗦的人」。

像這樣隨便表現出輕視他人的態度，對方總有一天會察覺到。人的猜疑心其實很強。就拿你來說好了，假設你去買衣服，結完帳正準備離開的時候，看到櫃檯的店員正竊竊私語不知道在說些什麼。

「該不會是在說我的壞話吧？」

也許你會這麼想，對吧。如果讓顧客產生這樣的感覺真的很糟糕。

換個角度想，和你很熟的客戶，或是經常去消費的店家背地裡說你的壞話，你會不會感到難過呢？

因此，如果你**身邊有說顧客壞話的人，請提醒一下對方不要那麼做。**

再糟糕的上司也會有他的優點

有時工作的時候，免不了會說上司的壞話。

這種心情我了解。特別是當上司給的指示與實際實行的狀況有落差，或是看到上司總是很閒的樣子，就會忍不住想說上司的壞話。

不過，我想告訴這樣的人一句話——。

「上司也只是個普通人」。工作上他也會有不擅長的事，個性上也會有缺點。

假設上司的能力是一百分，當中的六十分很棒，但剩下的四十分是不好的部分。而你卻只看得到那些不好的地方。明明他還有六十分是很優秀的部分，你卻視而不見。

這世上沒有百分之百完美的人！
你也是這樣，不是嗎。

沒有一個上司會毫無缺點。換作你是上司的話，要是你知道部屬老是批評你的缺點，你也會覺得很不舒服，會覺得很痛苦對吧！所以，別再只注意對方的缺點，請多多留意他的優點。此外——

✔✔ **對於上司的弱點請予以諒解。**
無論是誰，一定都有弱點！

✔ 通常有能力的人常會說上司的壞話。但是，**老是說上司壞話的人幾乎不可能有出人頭地的機會**。不過，獨立創業的人例外。

✔ 因為，**就算你以為自己只是私底下偷偷地說幾句壞話，總有一天那些話一定會傳進本人的耳裡**。這是無庸置疑的事。

出人頭地非難事

基本上，無法和上司好好相處的人，通常不太會有榮升的機會。更別說晉升到可以管理許多部屬的職位。

✔✔

雖然沒有完美的上司，但你可以從旁給予協助。如果上司有四十分不足的地方，那你就為他「補足」那些不足的地方。

假設上司擁有出色的企劃能力卻不擅於發表，你不妨主動代替他發表。或是，為他準備內容豐富的PPT簡報，讓他發表的時候不必說太多話。

如果上司很會談生意卻不太會管理部屬，那麼你可以試著為他

✔ 整理出一份關於部門內所有人手上的案子或進度的資料。

這麼一來，**上司就會覺得你是他的得力助手。**

而且，這麼做還有一個很大的好處。

上司因為你的協助有了亮眼的表現，因而受到公司的賞識被派去做更重要的工作時，你的工作面也會跟著拓展。在上司的提拔下，你就有升職的機會了。

✔ 再怎麼糟糕的上司，別人對他的評價還是比你好。既然要踢掉他是件困難的事，那就**從旁給予協助，和他一起有良好的發展還比較容易些**。

與其想盡辦法從上司手中奪走他的職位，不如反過來幫助他升職，這麼一來他的位子就會空出來了，這個方法肯定簡單許多。

所以，從今天起停止再說上司的壞話了！

幫助你所重視的人

其實，任何的人際關係都是如此。家人、親戚、情人、朋友、同事、後輩……。無論對方是誰都不可能百分之百完美。假設你老公有三十分的缺點，你卻老是挑他的毛病。

但是，既然他是你的家人又是你的另一半，由你來補足他的缺點不就好了。

假設先生從來不整理家裡，就算你說再多次，他依舊故我。既然如此，那你就不要每次見到他就唸他、罵他，身為妻子的你主動整理就好啦。

先生就是不會也不喜歡打掃。他的個性就是這樣。與其對他嘮叨，讓彼此關係變差，不如由妳來補足他這個不足的地方就好了。

我認為夫妻就是如此，對於重要的另一半要有包容的心。即使老公不會打掃，但他還是有很多優點。

請容我再次提醒各位，每個人都有優點和缺點，這點很重要。

就算是夫妻、情人、朋友或上司——。

✔ **不要老是批評對方的弱點，請多留意他的優點，至於不足的地方就由你來補足吧。**

▼不要惡意批評自己的公司或商品

別再說自己公司或商品的壞話了。

你的心情我了解。工作久了，難免會出現讓你感到奇怪、無法接受的事，或是公司的缺點等等。

但是，當你發現了這些事，應該先告訴上司或高層主管。

如果只會向身邊的人抱怨，問題永遠無法解決。你說的話只會變成單純的不滿、批評、發牢騷而已。

✔✔

也許會遇到「向公司提出建議卻沒有被接受」的情況。可是，如果你是真心為公司著想，只要多提出幾次、從不同的觀點指正，最後還是可以說服對方接受的。

要是直屬上司不採納你的意見，那就向上司的上司提出建議。過去我也曾經這麼做過。只要你的意見是出自真心為公司著想，或許對方會願意相信你。

▼絕對不要在部屬或後輩面前說公司的壞話！

在部屬或後輩面前說公司的壞話是最差勁的行為。

也許這麼做會讓你覺得自己很了解公司哪裡出了問題，是個很能幹的上司或前輩。但是，聽的人只會感到很厭煩而已。

✔ **老是聽到公司被批評，你的部屬或後輩就會越來越討厭公司。**

對公司或商品的好感越來越低，於是業績或營業額的表現也會越來越差。

✔ **你的影響力遠超過你的想像。**

如果不小心對部屬、後輩說了公司或商品的壞話，請記得再補上不同的看法或見解。像是——

「不過啊，我還是很喜歡我們公司喔～。公司在這個方面真的很棒。不管我怎麼想，都找不到比我們公司更好的公司了……」

聽起來反而變成了稱讚。部屬或後輩聽了你的話也會更重視公司，工作起來更積極投入。

✔ **比起說公司的壞話，告訴對方公司優點的人更能受到尊敬。**

Happy 8

而且，如果有「我在一家很爛的公司上班」的想法，潛意識裡也會覺得自己是個很糟糕的人。暫且不論當初你是為了什麼理由進入現在的公司，但選擇這家公司、這個職業的人是你自己。就算你是為了發洩不滿才說公司的壞話，但最後只會對自己造成損失而已。

▼不要說會打擊自己的話

我認為絕對不能做的事就是，自己說自己的壞話。

✔ **這世上習慣「自我打擊」的人實在太多了。**

例如，你帶著公司的新商品到重要的客戶那裡準備談生意。由於這個新商品關係著公司的命運，所以上司也對你抱著很大的期待。沉重的壓力讓你內心閃過不安的念頭。就在這時候——

「今天要好好加油喔！你一定沒問題的啦！」

聽到同事的打氣，你卻回道：

「可是，我每到緊要關頭就會失敗~」

你是否也曾像這樣說出自我否定的話語呢？

又或者，假設你是某個休閒品牌的區域經理，負責管理多家分店。參加經理會議的時候，某個前輩對你這麼說：

「聽說有家同業的公司要在你那個區開設大型的店面啊？你很頭痛吧？」

「就是說啊～沒辦法，誰叫我運氣總是那麼背……」

你是否也曾說過自己「運氣很差」、「沒有好運」之類的話呢？

的確，我們難免會有感到不安的時候。

「不過，我每次都不會順利……」

「反正一定又會像上次那樣失敗。這次應該也沒辦法吧……」

因此內心可能會產生消極的想法。

但是，即使心裡這麼想也**請不要特地說出口！**

人的情感豐富敏銳，所以心中會湧現這樣的情緒也是無可避免的事。可是，我還是**希望各位能努力克制自己不要說出消極的話**。

因為，**話一旦說出口就會對自己產生可怕的「暗示」效果**。也就是暗示自己「反正，我就是那麼沒用」。

這樣未免太糟了對吧？如果是「我很厲害」之類的自我「暗示」，就算只有自己感到滿足，至少會讓你覺得開心。但若是會打擊自己的那種「暗示」，完全沒有半點好處。而且周圍的人聽到心情也會變得不好，就連情緒也變得很低落。

或許你是基於謙虛或顧慮他人感受的心情說出那樣的話，但貶低自己、批評自己的人，很難讓別人感到安心或信任。

因此，希望各位不要說批評、否定自己的話。自己打擊自己實在是太愚蠢了！

✔

「可是，我……」

「不過，我總是……」

「反正，我的能力就是差……」

✔

請別再說這類的話！

就算再想說，也一定要努力忍下來！

其實，這些話在服務業被稱為「惡魔的三禁用語」。

因為通常在「可是」、「不過」、「反正」之後多是接否定的話。所以這三句話被視為不適合在顧客面前說的話。

批評、否定自己只是對自己下達負面的「暗示」。

請各位仔細想一想——。

無法重視自己的人，自然不會重視他人。

會說自己壞話的人，私底下一定也會偷偷地說別人壞話。

話語中老是打擊自己的人，同樣也會打擊他人。

更令人難過的是，這樣的人往往看不到別人的優點，只會不斷去挑剔對方的缺點。

✔✔

你重視自己嗎？

你有多重視自己，別人就會一樣地重視你。

換言之，如果你對自己只有百分之一的重視，別人對你的重視度也就那麼多了。所以，從今天起趕快丟掉那躲在藉口、虛偽謙虛下的懦弱心態吧！

停止再繼續「自我打擊」了！

並且，從今天起不要再說壞話了！

Happy

⑨

讓自己產生堅定自信的方法

機會是會降臨到每個人身上！

不要隨便為自己設限

有件事讓我很感嘆，這世上對自己沒自信的人實在太多了。這些人常會擅自「給自己設限」，認為「我就是這樣的人」。

反正，我的工作能力就是那麼差……。

反正，我的夢想不可能會實現……。

看到爸媽，我就知道不可能了……。

我還沒有那麼大的能耐……。

就算我努力去嘗試也不會有好結果……。

如果試了說不定會成功，你卻找各種理由逃避，還沒嘗試就先

放棄。為什麼要隨便決定自己的上限呢？

有件事我很確信。

那就是——**機會是會降臨在每個人身上**。

但是，多數人並不這麼想，好不容易機會上門了卻親手把它推掉。例如，上司這麼告訴你：

「下次針對董事們召開的發表會，你要不要試一試？」

「呃，我嗎？那個發表會不是很重要。如果，不小心搞砸了那可就不好了……。再說，現在的我還沒有那種能力。」

這樣回答實在是太可惜了！

上司就是因為覺得你可以，想讓你有個不錯的經驗，或是刻意製造機會給你才這麼說的。可是，你卻用「我還沒那種能力」、

「我不行」來回絕他……。

✔ **機會在你準備好的時候就會出現！這和你「有沒有察覺」根本無關。**

可是，你卻白白讓機會溜走，這實在太可惜了！

有些人常說「我都遇不到機會」、「我運氣很差」，這些人大多數不是沒機會，而是自己放棄了機會。

▼不行動就不會成功

「早知道那時候應該試一試……」這樣的想法是否經常在你心裡

浮現呢？

戀愛也是如此！

走在街上時，請仔細看看周遭的人。有些男性長得普普通通，身旁的女友卻非常漂亮，有些女性根本稱不上是美女，身邊的男友卻長得很型男。

如果你總認為「我不行」而輕易放棄，當然不可能有機會和帥氣的男性或美麗的女性交往。

你的長相、年齡、職業、學歷、收入、國籍、家庭環境……這些都不重要，只要你有心儀的對象就可以勇敢地向對方表白！

這樣做難道有錯嗎？只是讓對方明白你的心意，你卻草率地認為自己配不上對方。打從一開始就放棄。

✔

在我喜歡的詩裡有句話這麼說：

「明明還沒踏出第一步，卻已經有人認輸了！」

人生當中，沒有比這更可惜的事了！

當然，如果失敗了會很丟臉。而且，失敗的機率很高也說不定。可是，與其事後再反悔，倒不如放手一搏。往後當你回想起過去的事，你會發現人生中幾乎沒有缺憾。就算有令你感到後悔的事，最多只會維持數週或數個月的時間而已。

但是，沒有做就放棄的後悔感會一輩子跟著你。

✔

沒有行動就絕對不會成功！就算結果會讓你感到丟臉、害怕或被人瞧不起。但是，請別顧慮太多，只要努力去做，就會達到成功。

就算失敗也要積極嘗試

並非所有的成功者都那麼厲害。或許我們看到他們現在的成就會覺得他們很了不起，但不少知道那些成功者過去的人會說：

「他以前很不起眼。」

「之前他的表現並不是很傑出！」

「他其實很普通……」

現在很成功的人，過去不見得也是如此，他們和我們沒有太大的差別。

「就算失敗也沒有關係，先試過再說吧！」

差別只在於，有無付諸實行。

這和選擇工作的想法一樣。如果是自己很想做、很喜歡的工作，那就要趕快做。做自己喜歡的工作一定比較有趣，也較有利於自己。而且，工作的時候因為較能投入其中，所以也比較容易出現成果。

如果遇到很想做的工作，請別再說我沒有那種才能之類的話，而輕易地放棄！

如果你想挑戰任何事物，請從當下這一刻開始吧！

時間拖得越久，只會變得越困難。

就算是簡單的一句道謝不也是如此嗎？原本想向對方道謝，可是卻不馬上說，反而想著明天再說也可以。結果一天拖過一天，最後變得很難開口。

✔ **產生某個念頭的那一瞬間如果不趕快行動，人生永遠不會有變好的時候。**

「我都二十七歲了，沒辦法再挑戰了！」

說這種話的人和——

「我才四十歲，只要努力挑戰就會成功！」

說這種話的人……。兩者為何會有這樣的差異呢？

✔ 關鍵就在於想法的積極性。擁有積極想法的人，不會輕易說出喪氣的話。**若是自己真正想做的事，一旦認為機會來了就會立即採取行動。**

讓自己充滿自信的簡單方法

我希望各位都能對自己有自信。不，是一定要有自信。

無論是誰難免都會感到不安。就算你認同、理解對方，如果你對自己缺乏自信，對方還是會遠離你的。

因為自己已經很不安了，要是接近缺乏自信的人，只會讓人覺得更加感到不安與恐懼。

不過，即使你很想擁有自信，卻因為某些理由而做不到。

過去的失敗經驗或像遭遇失戀，或是成長的環境關係或是因為自己的個性、學歷、年收入……。

「因為生長在這樣的環境，讓我對自己很沒自信！」

也許你會這麼說。你的心情我非常了解。

雖然我現在的個性還算開朗，但以前的我並不是如此。應該說……我以前是個蠻陰沉的人。而且，我成長的環境也不是很好。

在我兩歲的時候，父母就分居了，所以我從小就經常寄住在不同的地方。

雖然父母在我三歲時離了婚，但有段時間我被安置在類似寄養家庭的地方。在那裡我每天過著被打被踹、飽受虐待的生活。不過，只是被打被踹還算好，我永遠忘不掉的是，每當我尿床的時候對方就會用刀子傷害我的身體。陽光從窗簾的縫隙間照進房內，我坐在尿濕的棉被上，任由對方拿著刀在我身上劃下一刀又一刀，那種情景就像雕刻師在雕刻木頭一樣。直到現在我還清楚地記得那時的畫面，以及當時內心的恐懼。

幸好，在鄰居的協助下讓我逃離了那個家，不過那時候我也因為罹患圓形禿，開始出現禿頭的情況。當時我還是到處寄住在別人家裡，直到上了小學之後才終於如願和母親住在一起。那時的我真的好開心！但是，一個女人要獨自撫養孩子真的不容易，所以母親總是工作到很晚才回家。

當時單親家庭很少見也很危險，於是我不得不隱瞞因為沒有父親，所以母親必須工作到半夜才回家，對朋友和鄰居我都沒有說出父母已經離婚的事實。每每聽到電話或門鈴聲響起，我都害怕地不敢出聲，而且每天都是如此。曾有一段時間我變得對電話聲非常敏感，一聽到電話響起就會出現有如發紺的情況。我很怕聽到「鈴鈴鈴～」響個不停的電話聲。

另外，我也很恐懼夜晚的來臨。每天晚上我都害怕得不得了。

我常把自己矇在棉被裡，心想：

「如果我沒有出生該有多好」

「為什麼只有我不被疼愛」

「我的存在是多餘的」

當時我每天都是這麼想的。

把成長環境或自己的狀況怪到父母親身上，是你自私的想法。這是你的人生。將錯誤怪罪給他人的逃避心態是最輕鬆的方法……。

可是，選擇這條不幸道路的人也是你自己。父母也有他們的苦衷，他們也是逼不得已才那麼做的。

雖然我也曾經心中充滿怨恨，變得自暴自棄。但我非常厭惡那樣的自己。如果那時我繼續墮落下去，絕對不會有現在如此快樂幸福的人生。

直到今日，我還是非常感謝辛苦扶養我長大的母親。

人生是你自己的，只有你能夠改變它！
如果你想改變，請先讓自己充滿自信。

▼充滿自信，度過快樂幸福的人生

有些人會說，我對自己沒信心。

但是，讓自己擁有自信的方法其實很簡單！

那就是，**想像自己是個演員，正在扮演「有自信的人」的角色。**也就是說，**假裝自己很有自信**。

其實，我們每個人都是演員。你應該也在許多不同的情況下扮演過某個角色。

小時候，你有沒有在親戚面前假裝自己是個「乖孩子」呢？雖然真正的你很任性，在大人面前卻變得很有禮貌、很聽話……。

在老婆娘家裝出一付「好老公」的樣子，或是明明不喜歡動物，在男友面前卻說「哇啊～好可愛喔♪」假裝很喜歡動物……。

不過神奇的是，你的言行舉止或態度也真的變得很有那麼一回事對吧？

遇到初次見面的人，為了讓對方覺得你是個「溫柔的人」，就算你的個性根本就不溫柔，你還是會裝出「溫柔」的樣子對吧。而且當下，你說話的語氣也會自然變成「很溫柔的感覺」不是嗎？

就和那樣的情況一樣，你只要想像自己是在演一個充滿自信的人就好了！就算說謊也好，假裝也沒關係！

✔ **就連原本對自己缺乏自信的我都辦得到了，所以我敢向各位保證你一定沒問題。**

我也是因為知道如果不夠開朗別人就不會理我，這樣會無法生存下去，所以才裝出開朗的樣子。如果對自己沒自信就會很痛苦，所以才裝出充滿自信的樣子。

沒想到這麼做，果然真的對自己產生了自信！

不妨試著先從小事著手。例如，走在街上時抬頭挺胸、一副威風凜凜的樣子；和朋友聊天時，每句話都說得肯定，表現出很有自信的態度。對於日常生活中的任何小事——

「如果是有自信的人會怎麼做？」

以這樣的想法去思考再展開行動，你就會變得有自信。然後，自然會了解有自信「原來是這麼一回事」。

人生只有一次。不管你過去曾經遇到過多痛苦、多辛苦、多麼無法容忍的事，請記住人生只有一次。

即便未來可以改變，過去的事已無法改變。如果你不能主動改變，就算過了明天、後天或是一年後、十年後，你還是現在這個樣子。

你願意接受這樣的事發生嗎？

別再繼續扮演討厭自己的人了。從今天起，告別這樣的自己。

今後請帶著自信，過著不後悔的人生。

前方一定有快樂幸福的人生在等著你！

結語

感謝各位閱讀到最後。

或許對各位來說，生活中理所當然的事很多。但是，那些理所當然的事，卻也是現今這個時代被視為有必要的事。

老實說，原本我是想把這本書寫成像是教戰手冊的內容。但是，在執筆的過程中我有了新的想法，「哪怕只有一個人也好，我希望看過這本書的人，能夠獲得滿滿的幸福快樂……」。

目前市面上有那麼多的書，你卻在那些書裡選擇了這本書。對我來說，你是我非常感謝且重視的人。不過，我要告訴你的事雖然很重要，卻也不是什麼特別的事，而且是非常理所當然的事。

然而，即便是理所當然的事，卻是我認為真正重要的事。為了讓你了解這一點，我將我的「靈魂」投注在這本書裡。希望你不要小看那些理所當然的事，請多反覆閱讀書中的內容。

我衷心地期望你看完這本書後，人生會變得幸福快樂，而你所重視的人也能變得幸福快樂。

最後我想透過本文表達心中的感謝。提到「感謝」二字，我腦海中立刻浮現出許多平時給予我幫助的朋友，以及照顧過我的人。當中，我特別要感謝我尊敬的石井裕之老師。我認為沒有人比石井老師更適合「名符其實」這四個字。能夠認識他我真的覺得很幸福！我心中對石井老師充滿了無限的感謝，無法用筆墨來形容。

再者是，獨自一人將我撫養長大的母親。謝謝您，真的很感謝您！

接著我還要感謝的是，平時總是從旁支持我的太太與孩子們。

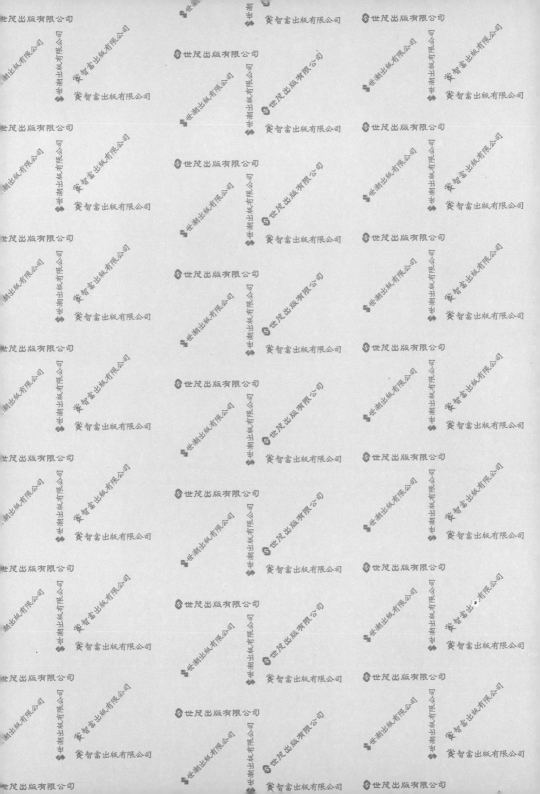

國家圖書館出版品預行編目資料

5 秒鐘讓人對你超有好感 / 森下裕道作；連雪雅譯. -- 初版. -- 新北市：世茂, 2011.12
面；　公分. --（銷售顧問金典；67）

ISBN 978-986-6097-27-0（平裝）

1. 人際關係　2. 說話藝術

177.3　　100014724

銷售顧問金典 67

5 秒鐘讓人對你超有好感

作　　者／森下裕道
譯　　者／連雪雅
主　　編／簡玉芬
責任編輯／謝翠鈺
封面設計／比比司設計工作室
出 版 者／世茂出版有限公司
負 責 人／簡泰雄
登 記 證／局版臺省業字第 564 號
地　　址／（231）新北市新店區民生路 19 號 5 樓
電　　話／（02）2218-3277
傳　　真／（02）2218-3239（訂書專線）、（02）2218-7539
劃撥帳號／ 19911841
戶　　名／世茂出版有限公司　單次郵購總金額未滿 500 元（含），請加 50 元掛號費
酷 書 網／ www.coolbooks.com.tw
排版製版／辰皓國際出版製作有限公司
印　　刷／長紅彩色印刷公司
初版一刷／ 2011 年 12 月

ＩＳＢＮ／ 978-986-6097-27-0
定　　價／ 260 元

假如還有來生，我還是會選擇和你們成為一家人。

最後，我要感謝正在閱讀本書的各位讀者。因為有你們，我才能完成這本書。真的很感謝各位。謝謝你們！

請各位好好享受即將來臨的幸福人生！

我期待著某一天再次與你相遇。

森下裕道